Detlef Michel, geb. 1944 in Turckheim (Elsass), studierte in Tübingen, München und Berlin Germanistik, Soziologie und Psychologie. Er war während der Studentenrevolte Mitglied des SDS und gehörte anfänglich zur Kommune I. 1973 promovierte er zum Dr. phil. 1976 bis 1982 war er Mitherausgeber der legendären Berliner Hefte. Er verfasste preisgekrönte Drehbücher für Kino- und Fernsehfilme. Mit Volker Ludwig schrieb er Stücke für das Grips Theater, darunter die Kultstücke *Eine linke Geschichte* und *Ab heute heißt du Sara*. Detlef Michel lebt in Berlin.

Ulrich Enzensberger, geb. 1944. Studierte Germanistik in Berlin und München. Mitbegründer der Kommune I (*Klau mich,* 1968) und später Mitglied der KPD/ML. *Auferstanden über alles,* 1980-86. *Georg Forster. Ein Leben in Scherben,* 1996. Aufzeichnung: *Otto Rosenberg: Das Brennglas,* 1998. *Herwegh. Ein Heldenleben,* 1999. *Parasiten. Ein Sachbuch,* 2001. *Die Jahre der Kommune I,* 2004. Ulrich Enzensberger lebt in Berlin.

DETLEF MICHEL

KRAUT & RÜBEN

GESCHICHTEN AUS EINER AUCH SCHON WIEDER VERSCHWUNDENEN WELT

VERLAG EXPEDITIONEN

Bibliografische Information der Deutschen Nationalbibliothek:
Die Deutsche Nationalbibliothek verzeichnet diese Publikation in der Deutschen Nationalbibliografie. Detaillierte bibliografische Daten sind im Internet über http: //dnb.dnb.de abrufbar.

Detlef Michel

Kraut & Rüben
Geschichten aus einer
auch schon wieder verschwundenen Welt

Mit Kritzeleien von Ulrich Enzensberger
Umschlagfoto und -gestaltung Birgitta Sjöblom
Satz Gino Leineweber

ISBN: 978-3-947911-63-9

Kraut & Rüben

Geschichten aus einer auch schon wieder verschwundenen Welt

von

Detlef Michel

Für Adriana, ist doch klar.

Seitenblicke

In Kriminalromanen gibt es immer wieder die Situation, in der ein Kommissar ratlos am Tatort steht. Er betrachtet alles, schaut sich nach allen Seiten um, bemerkt aber nichts, was ihm weiterhelfen könnte. Enttäuscht wendet er sich schließlich ab und will den Tatort verlassen. Aber in diesem Moment, im Abwenden erblickt er etwas, eine Winzigkeit, die er bisher übersehen hat – das entscheidende Indiz, das ihn zum Täter führen wird. Genauer gesagt sieht er es nicht, es fällt ihm beim Weggehen ins Auge. Gesehen hatte er es auch schon vorher, als er noch auf der Suche war, aber erst jetzt, da er sie aufgegeben hat, erkennt er die Bedeutung des Details. Im direkten Hinsehen, das von der Erwartung geprägt ist, etwas zu entdecken, wird der Entdecker blind. Im Verzicht darauf springt ihm die Wahrheit ins Auge.

Wie ich unsterblich wurde

Als ich in den Prenzlauer Berg zog, gab es in dem Haus, in dem ich die neue Wohnung gemietet hatte, eine Physiotherapie. Ich fand das sehr praktisch, ließ mir von meinem Hausarzt Massagen verschreiben und verabredete mit der Praxis einen Termin. Ich bekam einen gleich für den nächsten Tag.

Als ich an der Tür klingelte, wurde mir sofort geöffnet. An der Rezeption standen drei junge Frauen und blickten mich erwartungsvoll an. Dann aber, nach einem kurzen Augenblick, machte sich in ihren Gesichtern Enttäuschung breit. Ich war irritiert, und als mir bald darauf eine der Frauen den Rücken massierte, fragte ich sie danach.

„Wir dachten, Sie wären Detlef Michel", sagte sie.

„Ich bin Detlef Michel", sagte ich.

„Nein, sind Sie nicht."

„Entschuldigen Sie bitte, aber ich weiß ja wohl, wer ich bin", protestierte ich.

Es stellte sich heraus, dass es einen Namensvetter gab. Der Mann, den die jungen Frauen erwartet hatten, war ein berühmter Sportler, ganz bestimmt ein Kerl von athletischer Statur. Wer aber kam, war ich, das Gegenteil eines Muskelpakets. Kein Wunder, dass sie bitter enttäuscht waren.

Ich erzählte meinem Freund Dirk Müller von dieser kleinen Begebenheit. Er rief mich bald danach an und berichtete, er habe im Internet bei Wikipedia herausgefunden, dass es tatsächlich einen Detlef Michel gebe, der DDR-Weltmeister im Speerwurf sei. Und dann machte Dirk eine Entdeckung: „Wenn du bei Wikipedia Kommune I eingibst, steht da, dass du zu den Gründungsmitgliedern gehörst. Und wenn du deinen Namen anklickst, kommst du auf den Beitrag über den Sportler."

Für Dirk, der als Historiker ohnehin einen misstrauischen Blick auf Quellen und keine gute Meinung von Wikipedia hat, war das natürlich ein gefundenes Fressen: „Eines Tages wird ein Historiker mit der Sensation aufwarten, dass die Kommune von einem Speerwerfer aus Ostberlin gegründet wurde."

Bald darauf rief er abermals an. Er hatte die Geschichte einem Bekannten erzählt, einem pensionierten Studienrat, der ehrenamtlich für Wikipedia tätig war. Sehr erschrocken sei der Mann gewesen. Es sei ihm unbegreiflich, wie es zu solchen Fehlern kommen könne, er werde der Sache sofort nachgehen.

Zwei Tage später war Dirk noch einmal am Apparat und sagte: „Jetzt guck mal bei Wikipedia unter deinem Namen nach."

Plötzlich gab es zwei Detlef Michel, den Leichtathleten und mich. Ich bekam einen höllischen Schreck. Was da alles über mich gesammelt war: Lebensdaten, Theaterstücke, Drehbücher, Preise, Auszeichnungen. Und alles stimmte. Innerhalb von zwei Tagen hatte jemand einen biografischen Beitrag über mich verfasst. Es kam mir vor, als stünde ich plötzlich nackt da.

Mein Schreck währte aber nur kurz, denn Dirk belehrte mich, dass Wikipedia nur zusammengetragen hatte, was ohnehin im Internet über mich zu erfahren war, aus Verlagsveröffentlichungen, Rezensionen und Pressemitteilungen. Nicht ein Anonymus hatte mich nackt gemacht, ich selber hatte mich ausgezogen.

So schwirre ich nun als Datenhaufen im Äther herum, jederzeit abrufbar, für alle Ewigkeit – bis zum nächsten Urknall.

Widerstandskämpfer

Lang ist die Liste der Attentate, mit denen Offiziere der Wehrmacht versuchten, Hitler ins Jenseits zu befördern. Alle Versuche gingen schief. Einer, Oberst Oster, scheiterte schon daran, Sprengstoff zu beschaffen. Oberst Henning von Tresckow übergab einem Begleitoffizier eine als Likör getarnte Zeitbombe, die im Flugzeug Hitlers explodieren sollte. Das Päckchen wurde im Frachtraum des Flugzeugs deponiert, wo es aber so kalt war, dass der Zündmechanismus vereiste. Leutnant Ewald Heinrich von Kleist wollte sich mit Hitler bei einer Veranstaltung in die Luft sprengen, aber Hitler kam nicht. Bei der Eröffnung einer Ausstellung wollte sich Rudolf-Christoph Freiherr von Gersdorff mit Hitler, Göring, Himmler, Keitel und Dönitz in die Luft sprengen, aber Hitler verließ die Ausstellung bereits nach zehn Minuten. Oberst Claus Schenk Graf von Stauffenberg ließ in der Wolfsschanze eine Bombe detonieren, deren Sprengkraft aber so schwach war, dass sie Hitler nur leicht verletzte. Nein, diese Leute, für die es ein Kinderspiel war, in Blitzkriegen fremde Völker zu unterjochen, verhedderten sich in dummen Zufällen und stolperten von einem Missgeschick ins andere, als es darum ging, ihren Chef um die Ecke zu bringen.

Für all das hat mein Freund Dirk einen Kalauer parat: „Es gab nur einen erfolgreichen Widerstandskämpfer – Adolf Hitler. Er hat den Führer erschossen."

Aus dem Krieg

Am 26. Mai 1944 kommt der Völkische Beobachter mit der Schlagzeile heraus, die Wehrmacht habe eine Abwehrfront in den Volsker Bergen in Italien errichtet. Auf den Innenseiten der Zeitung ist ein Kapitel des Fortsetzungsromans *Menuett in Nymphenburg* des damals populären bayrischen Heimatdichters Karl Weinberger zu lesen. Es folgen zahllose Anzeigen, in denen Witwen den Heldentod ihrer Männer beklagen. Kinos werben für den Film *Neigungsehe* mit Henny Porten, Gustav Fröhlich und Grethe Weiser, und ein Artikel erinnert die Leser daran, dass es strikt verboten ist, Hunde und Katzen mit in den Luftschutzkeller zu nehmen. Ein Tag wie jeder andere, könnte man sagen. An diesem Tag wurde ich geboren. Mitten im Krieg, der längst verloren war. Schon ein Jahr zuvor war Stalingrad „gefallen", wie die Deutschen noch heute sagen.

Die Umstände meiner Geburt waren vom Krieg bestimmt. Meine Eltern lebten in Berlin. Um die schwangeren Frauen vor dem Bombenhagel der

Alliierten zu schützen, wurden sie evakuiert. So gelangte meine Mutter nach mehrtägiger Zugfahrt ins Elsass, nach Turckheim, einem idyllischen Städtchen nahe Colmar gelegen. Hier wurde sie mit zwanzig anderen Frauen in einer Villa untergebracht. Noch bis ins hohe Alter schwärmte sie von dem Aufenthalt. Sie war 36 Jahre alt, Spätgebärende, die endlich das heißersehnte Kind in sich trug, und die Fahrt ins Elsass war die erste Reise ihres Lebens. Was für eine herrliche Zeit! Französische Küche, Spaziergänge durch die Weinberge, Tischtennis im Garten der Villa. Aber schon zwölf Tage nach meiner Geburt nahm dieser Urlaub ein jähes Ende. Am 6. Juni landeten die Alliierten in der Normandie. In aller Eile verfrachtete die Wehrmacht die Frauen, ob sie noch schwanger waren oder ihre Kinder schon zur Welt gebracht hatten wieder zurück nach Berlin.

Das alles hatte ein spätes Nachspiel. Als ich 18 Jahre alt war, erhielt ich den Erfassungsbescheid der Bundeswehr. Ein paar Tage später fand ich einen Brief der französischen Botschaft im Briefkasten. Man teilte mir mit, ich könne natürlich auch in der französischen Armee meinen Waffendienst leisten. Ich war völlig verwirrt. Gerade hatte ich beschlossen, den Kriegsdienst zu verweigern, da wollten mich jetzt auch die Franzosen. Ein Telefonat mit der Botschaft klärte mich auf: In Deutschland gilt für die Staatsangehörigkeit das Abstammungsprinzip. Ist ein Elternteil Deutscher, hat auch das Kind die deutsche Staatsangehörigkeit. In Frankreich gilt dagegen das Territorialprinzip. Das Elsass war zwar zum Zeitpunkt meiner Geburt unter deutscher Besatzung, aber völkerrechtlich nach wie vor französisches Hoheitsgebiet. Ich war also in Frankreich geboren. Für Frankreich war ich Franzose, für Deutschland Deutscher. Noch heute könnte ich jederzeit zur Botschaft gehen und mir einen französischen Pass geben lassen. Ich müsste nicht darum bitten, ich hätte einen Anspruch darauf. Und weil Deutschland und Frankreich keine Erbfeinde mehr sind, könnte ich den deutschen Pass behalten.

Wenn mich jemand fragt, woher ich komme, dann weiß ich nicht, was ich sagen soll. Aus Deutschland? Frankreich? Aus Berlin? Dem Elsass? Ich antworte: „Aus dem Krieg." Und erzähle diese Geschichte.

Pränatal

Schlichte Gemüter wiegen sich in der trügerischen Gewissheit, ihr Leben würde mit der Geburt beginnen und mit dem Tode enden. Nicht so mein Freund Rüdiger Safranski, der – selbstbewusst wie er nun mal ist – sein Ich ins Vorgeburtliche verlegte. Der Frankfurter Allgemeinen Zeitung vertraute er seinen Ursprung an: „Ich bin in Königsberg erzeugt worden und pränatal, also im Mutterleibe vor den Russen geflohen." Unsereiner würde sich eher als hilflosen Fötus sehen, ein bejammernswertes Geschöpf, Opfer der Weltgeschichte. Nicht so mein Freund. Wacker nimmt er schon vorgeburtlich sein Schicksal in die Hände, und ab geht's übers Haff in den Westen.

Aber was dem Pränatalen recht ist, das ist dem Postmortalen billig. Ich ahne schon, wie er sein Lebensende auf eine Zeit nach dem Tode verlegt. Und dabei so manches erlebt, wovon wir Sterblichen nur zu träumen wagen. Schöne Grüße aus dem Jenseits.

Klatsch und Tratsch

Im Vorwort zu seiner Autobiografie „Gefährliche Zeiten" richtet der britische Universalgelehrte Eric Hobsbawm ein warnendes Wort an seine Leser.

Sie sollten keine der üblichen Enthüllungen erwarten, wie man sie von den landläufigen Prominenten kennt. „Historiker sind keine Klatschkolumnisten". Wacker hält er sich an diesen löblichen Vorsatz, viele Seiten lang, bis ihm dann aber doch die Contenance entgleitet, als er auf einen Kollegen zu sprechen kommt. Hobsbawm beschreibt ihn so: „Ein braungebrannter, sportlicher Typ, sah eher wie ein ehemaliger Skilehrer denn wie ein Philosoph aus, als ich ihn damals im Haus von Freunden in Cambridge kennenlernte."

Gemeint ist niemand anderer als Herbert Marcuse. Als sei es der Verachtung des populären Kollegen nicht genug, setzt Hobsbawm fort: „Innerhalb weniger Jahre waren seine Schriften wieder in jener Versenkung verschwunden, in der strebsame Akademiker verzweifelt nach Themen für eine Doktorarbeit suchen."

Ach, was der Neid doch anrichten kann. Da bekommen selbst die größten Geister menschliche Züge.

Erwachsen werden

Meine Biografie könnte ich auf zweierlei Weise schreiben, als politische und als psychologische. Die politische Erzählung würde damit beginnen, dass ich aus einer sozialdemokratischen Familie stamme. Meine Großeltern waren eingefleischte Sozis, meine Eltern ebenso. Und sie waren Pazifisten. Da war es nur konsequent, dass ich schon als Schüler an den Ostermärschen teilnahm und den Kriegsdienst verweigerte. Und es war nur konsequent, dass ich nach dem Abitur zum Studium nach Tübingen ging, weil dort Ernst Bloch und Walter Jens lehrten. Das Engagement gegen den Vietnamkrieg radikalisierte mich, ich wurde Mitglied im SDS. Folglich eskalierten die Auseinandersetzungen mit meinem Vater, dem ich vorwarf, kein Widerstandskämpfer gewesen zu sein. (Der SPD näherte ich mich erst wieder an, als Willy Brandt Kanzler wurde. Da kam es dann auch zur Aussöhnung mit meinem Vater.) Ich wurde Autor beim „Reichskabarett", das sich mit Haut und Haar der Studentenbewegung verschrieben hatte. Und als aus dem Kabarett das Grips Theater entstand, war ich natürlich mit von der Partie.

Die psychologische Biografie würde mit meiner Mutter beginnen. Meine Eltern hatten 1936 geheiratet und wünschten sich nichts sehnlicher als ein Kind. Aber meine Mutter wurde erst acht Jahre später schwanger, als sie längst den Kinderwunsch aufgegeben hatten. So wuchs ich als Einzelkind auf, überschüttet mit mütterlicher Liebe. Meine Mutter schimpfte nicht, sie zeterte nicht, ich bekam nie Schläge. Es war viel schlimmer. Wenn ich Mist gebaut hatte, brach meine Mutter in Tränen aus und sagte: „Jetzt ist Mutti ganz, ganz traurig." Der Satz traf mich mitten ins Herz wie ein Pfeil und machte mich hilflos. Wie hätte ich mich gegen solche Perfidie zur Wehr setzen können? Sie wäre ja doch nur erneut in Tränen ausgebrochen. So blieb mir nichts anderes übrig, als mein ganzes Handeln daran auszurichten, dass ich meiner Mutter keine Enttäuschung bereitete.

Mein politisches Engagement, die Teilnahme an den Ostermärschen und die Kriegsdienstverweigerung sah sie mit großer Sorge. Immer wieder bekam ich zu hören: „Wer sich in Gefahr begibt, kommt darin um." Es war mein Vater, der mir beisprang: „Wenn er will, dann soll er." Erst nach seiner Intervention gab sie Ruhe. Auch dass ich zum

Studium nach Tübingen wollte missbilligte sie. Könnte ich nicht auch in Göttingen studieren? Damals lebten wir in Braunschweig, anderthalb Autostunden von Göttingen entfernt, und meine Mutter ahnte wohl, dass ich nicht bloß wegen Ernst Bloch und Walter Jens nach Tübingen wollte. Vielmehr wollte ich möglichst weit weg vom Elternhaus sein. Auch diese Debatte beendete mein Vater mit seinem Diktum: „Wenn er will, dann soll er."

Es dauerte Jahrzehnte, bis ich begriff, dass sich die familiäre Konstellation, der ich vermeintlich entronnen war, ständig wiederholte. In Tübingen waren es Almuth und Hartwig Rohloff. Sie studierten zwar noch, hatten aber schon eine eigene Wohnung, in der ich oft zu Gast war. Sie wurden meine Ersatzeltern. Sie waren im SDS, also ging auch ich in den SDS. In München übernahmen Dieter Kunzelmann und seine Freundin Dagmar Seehuber ihre Rolle. Und die Kommune? Eigentlich sollte sie die Kleinfamilie, diesen Hort des Faschismus, zertrümmern, aber sie entpuppte sich selbst als Kleinfamilie. Dieter Kunzelmann und Dagmar Seehuber waren die Eltern, Hans-Joachim Hameister und seine Freundin Dorothea Ridder verkörperten die Rollen von Onkel und Tante, und die Kinder waren Fritz Teufel, Ulrich Enzensberger und ich. Erst als ich Maria kennenlernte, änderte sich das, aber nur in einer eigentümlichen Abwandlung. Sie war acht Jahre älter als ich, weich und mollig, der Inbegriff des mütterlichen Typs. Sie bekochte mich und ließ mich ansonsten meiner Wege gehen. Es war unübersehbar, dass sie die Rolle der Ersatzmutter spielte. Noch einmal stellte sich die alte Konstellation wieder her, wenn auch lädiert: eine Kleinfamilie ohne Vater. Wirklich erwachsen wurde ich erst, als ich mich nach Jahren von Maria trennte. Beim Verlassen der gemeinsamen Wohnung packte sie mir wie gewohnt den Koffer, als ob ich auf eine Reise gehen würde. Da war ich 45 Jahre alt.

Beide Erzählungen, die politische und die psychologische könnte ich nebeneinanderlegen. Beide wären in sich stimmig. Aber welche würde stimmen?

Unabkömmlich

Meine Großväter waren Arbeiter, der eine Fleischer in einem Schlachthof, der andere Tischler in einer Fabrik, die Fenster und Türen herstellte. Und selbstverständlich waren sie Sozialdemokraten, genau wie mein Vater und meine Mutter. Mein Vater wurde technischer Zeichner und fand eine Anstellung bei der Firma Siemens. Er war der erste in der Familie, der vom Arbeiter zum Angestellten aufstieg. Meine Großmutter war stolz auf ihn, wenn er mit Schlips und Kragen ins Büro ging und dort die Ärmelschoner überzog. Natürlich war auch mein Großvater stolz, aber vor allem darauf, dass sein Sohn trotz seiner Karriere der Sozialdemokratie treu blieb.

Die Kollegen hatten offenbar Vertrauen zu meinem Vater. Bald wurde er zum Betriebsrat gewählt, dann in den Gesamtbetriebsrat und schließlich zum Vorsitzenden. Mit der Machtübergabe an Hitler war es damit vorbei, die Nationalsozialistische Betriebszellenorganisation (NSBO) übernahm die

Funktion der Betriebsräte, und mein Vater saß wieder als kleiner Angestellter an seinem Schreibtisch und zeichnete Schaltpläne für die Signalanlagen, die Siemens für die Reichsbahn baute. Neun Monate später heirateten mein Vater und meine Mutter, er mit 27, sie mit 25. Sie machten sich keine Illusionen. Über kurz oder lang würde es zum Krieg kommen. Mein Vater versprach meiner Mutter, alles nur Menschenmögliche zu unternehmen, um nicht Soldat zu werden. Es ist kaum zu glauben, aber er hat dieses Versprechen gehalten.

Während der ganzen Kriegszeit hat er nicht ein einziges Mal ein Gewehr in die Hand genommen. Und das kam so: Die Leute von der NSBO wurden von den Arbeitern verachtet. Sie galten als inkompetent, faul, unkollegial. Auch die Werksleitung wollte nichts mit ihnen zu tun haben. Dennoch gingen die betrieblichen Auseinandersetzungen natürlich weiter. Es kam immer wieder zu Arbeitsniederlegungen wegen zu niedriger Löhne, wegen fehlender Schutzvorrichtungen an den Maschinen, wegen des miserablen Kantinenessens. Die Arbeiter taten, was sie schon immer getan hatten, sie wandten sich an meinen Vater. Der spielte seine Betriebsratsrolle weiter und verhandelte mit der Werksleitung. Man handelte einen Kompromiss aus und setzte ein Protokoll auf.

Dann rief man den Leiter der NSBO, und der setzte seinen Namen unter die Vereinbarung. Damit war der Betriebsfrieden wieder hergestellt. Die Arbeiter brauchten ihren alten Betriebsrat, und die Werksleitung braucht ihn ebenso. Also taten sie alles, um die Arbeit meines Vaters als „kriegswichtig" und ihn selber als „unabkömmlich" zu deklarieren. So kam es, dass er bis zum Ende des Krieges an seinem Schreibtisch saß und zeichnete. Als der Krieg vorbei war, gab es wieder Betriebsratswahlen und er wurde wieder gewählt. Als wäre nichts geschehen.

Magische Kräfte

Jedes Jahr zu Weihnachten versammelte sich unsere Familie in der Wohnung meiner Großmutter in Reinickendorf. Alle waren da, alle Onkel und Tanten, alle Cousins und Cousinen. Wie immer gab es Kartoffelsalat mit Würstchen. In heiterer Stimmung trank man Bier und Doppelkorn und erzählte sich Anekdoten, witzelte über Onkel Walter, den schon als Kind alle möglichen Missgeschicke ereilt hatten und über Onkel Willis vergebliche Liebe zu der blonden Schönheit aus dem Nebenhaus.

Doch nach der zweiten Flasche Doppelkorn kam man auf den Krieg zu sprechen, und die Stimmung schlug um. Dazu muss man wissen, dass in meiner Familie das ganze politische Spektrum vertreten war: Mein Vater hielt große Stücke auf Kurt Schumacher, Onkel Willi hatte noch immer viel für den Führer übrig und für Onkel Otto war unterm Kaiser sowieso alles besser gewesen. Onkel Walter hängte sein Fähnlein in den jeweiligen Wind. Tante Frieda war die Kommunistin der Familie. Nachdem die Nazis ihren Mann totgeschlagen hatten, war sie nach Moskau geflüchtet und lebte nach dem Krieg in Ostberlin „beim Spitzbart", wie Onkel Willi sagte, während alle anderen im Westen waren, „beim Globke", wie Tante Frieda sagte. Bald ging es hoch her, es wurde laut und lauter.

„Streitet euch nicht, es ist Weihnachten!", rief meine Mutter zaghaft dazwischen, fand aber kein Gehör. Sie und meine Tanten hatten bei dieser Auseinandersetzung ohnehin nichts zu sagen, Politik war Männersache.

Nur Tante Frieda ließ sich den Mund nicht verbieten, was mich so sehr beeindruckte, dass ich beschloss, ihr recht zu geben.

Der Lärm schwoll an, Beleidigungen und Verwünschungen flogen über den Tisch. „Vaterlandsverräter!", „Novemberverbrecher!", „Kriegshetzer!" Wir Kinder verstanden natürlich gar nichts, waren uns aber sicher, dass es über kurz oder lang zu Handgreiflichkeiten kommen würde. Stattdessen geschah etwas, was mir den Atem stocken ließ. Meine Großmutter, die bisher schweigend am Tisch gesessen hatte, zog ihren Pantoffel aus, schlug ihn mit voller Wucht auf den Tisch und rief dabei: „Ruhe!" Nur einmal und ganz laut: „Ruhe!" Schlagartig wurde es still. Alle diese Erwachsenen, von denen wir Kinder von morgens bis abends gegängelt wurden mit: „Benimm dich!", „Sei leise!", „Rede nur, wenn du gefragt wirst!", „Halt den Mund!", „Sei artig!" – saßen plötzlich selbst wie kleine Kinder da, benahmen sich, hielten den Mund und waren ganz artig. Ich verstand die Welt nicht mehr. Kein Zweifel, meine Großmutter verfügte über magische Kräfte. Sie war eine Zauberin. Als ich ihr das voller Bewunderung zu verstehen gab, lächelte sie geheimnisvoll. Aber egal, wie inständig ich sie auch bat, ihren Pantoffeltrick hat sie mir nie verraten.

Wir Männer

Wenn wir nicht gerade auf der Straße Fußball spielten, hockten wir auf dem kleinen Mäuerchen an der Hecke, das den Spielplatz umgrenzte. Manchmal hatte einer dem Vater eine Zigarette klauen können, die machte dann die Runde, während wir die großen Probleme unserer kleinen Welt erörterten. Vor allem ging es um die Frage, woher die Kinder kommen.

Die Theorie vom Klapperstorch war längst obsolet, Kinderkram wie der Weihnachtsmann. Aber woher kamen sie dann, wenn nicht aus einem Teich mit Seerosen? Wenn Frauen dicke Bäuche hatten, lag das nicht immer daran, dass sie zu viel Eis und Kuchen gegessen hatten, manchmal wuchs da auch ein Kind heran. Soviel war uns klar. Die Frage, wie es da hineinkam, stellte sich uns nicht. Es wuchs im Mutterbauch einfach heran, so wie andern Leuten Furunkel am Hintern wuchsen. Aber wie kamen sie da raus? Einer aus unserer Clique hatte ein Gespräch der Eltern belauscht, bei dem es um das alte Griechenland ging, wo sich die Frauen die Kinder aus dem Oberschenkel schnitten. Oder so ähnlich. Diese Theorie stieß bei uns auf einhellige Ablehnung. Wenn das so wäre, dann müssten die Frauen ja Narben an den Oberschenkeln haben. Aber jeder Besuch im Stadtbad zeigte uns, dass dies nicht stimmte. Das Rätselraten ging also weiter.

In dieser Situation entschloss ich mich zu einem radikalen Schritt. Ich fasste mir ein Herz, ging zu meinem Vater und vertraute mich ihm an. Er wiegte bedächtig den Kopf und sagte dann: „Also da, wo wir Männer unseren Schniepel haben, da haben die Frauen ein Loch. Und da kommen die Kinder raus."

„Aber das ist doch viel zu klein", sagte ich verdattert.

„Bei der Geburt dehnt es sich aus", sagte mein Vater. Es war wie ein Paukenschlag, wobei mich weniger seine Antwort erzittern ließ als die Tatsache, dass er „wir Männer" gesagt hatte. Wir Männer! Unversehens war ich aufgenommen in den Kreis der Erwachsenen. Ich war ein Mann! Einer wie er. Am liebsten wäre ich sofort zu meiner Clique gerannt, um den Jungs zu sagen, was ich wusste.

Aber ich wollte nicht dastehen wie einer, dem die Wahrheit einfach in den Schoß gefallen war, noch dazu aus den Händen des eigenen Vaters. Einfach den Vater zu fragen hatte etwas derart Schlappschwänziges, dass ich mir nur Hohn und Spott eingehandelt hätte; zumal ich wusste, dass die anderen Jungs ein verdammt mieses Verhältnis zu ihren Vätern hatten. Lug und Betrug und Prügel war alles, was sie von ihnen erwarteten. Dass ein Vater seinem Sohn die Wahrheit sagt, war jenseits ihrer Vorstellungskraft. Also beschloss ich, meine Quelle nicht preiszugeben.

Als ich zum Mäuerchen kam, wo die anderen schon saßen, teilte ich ihnen so lakonisch wie möglich mit, ich hätte das Rätsel gelöst. Alle Augen richteten sich auf mich. Ich wartete noch einen kleinen Augenblick, um die Spannung zu erhöhen und sagte dann: „Aus dem Loch der Frau zwischen den Beinen.“

Für einen Moment herrschte Sprachlosigkeit, dann brach schallendes Gelächter über mich herein.

„Aus dem Loch? Bist du blöde? Das ist viel zu klein.“

Sie lachten und lachten.

„Bei der Geburt dehnt es sich aus“, sagte ich. Sie lachten nur noch mehr.

„Wer hat dir denn diesen Quatsch erzählt?“

„Sag ich nicht.“

Die Weigerung, meine Quelle zu nennen, machte

mich vollends unglaubwürdig. Mir stiegen die Tränen in die Augen, und bevor ich vor den anderen losheulen musste, was alles noch viel schlimmer gemacht hätte, rannte ich nach Hause.

„Spinner!“ riefen die Jungs hinter mir her. „Blödmann!“

Was für eine Kränkung. Ich wusste die Wahrheit und niemand glaubte sie mir. Ich ahnte noch nicht, dass mir solcherart Kränkungen im späteren Leben noch öfter widerfahren sollten.

Knapp daneben

Pünktlich zum Abendessen gab es die Tagesschau. Am Samstag war sie besonders wichtig, denn nach der Sendung fand die Ziehung der Lottozahlen statt. Mein Vater holte den Tippschein hervor, legte ein Blatt Papier daneben und notierte die Zahlen. Jedes Mal verlor er, aber darum ging es schon lange nicht mehr. Ihn interessierte die Systematik seines Verlierens. Akribisch zeichnete er ein Diagramm auf den Tippschein, das die Zahlen, die er getippt hatte, mit denen verband, auf die das Glück gefallen war. Dann erläuterte er meiner Mutter und mir das Geheimnis seines Pechs: „Wenn ich nicht die 11 getippt hätte, sondern die 12 gleich daneben, und nicht die 17, sondern die 24 direkt darunter, und nicht die 30, sondern die 24 schräg rechts darüber, dann hätte ich jetzt fünf Richtige gehabt.“ Nie kam die Analyse zu dem Ergebnis, was er hätte tun müssen, um den Hauptgewinn zu kriegen, sechs Richtige. Es waren immer nur fünf. Damit begnügte er sich, als wollte er das Glück nicht herausfordern.

Stets hörte meine Mutter ihm aufmerksam zu und sagte am Ende: „Na ja, beim nächsten Mal." Irgendwann erdreistete ich mich, sein Diagramm mit der Bemerkung zu kommentieren: „Knapp daneben ist auch vorbei."

Da schnauzte er mich an: „Misch dich nicht in Sachen ein, von denen du nichts verstehst", – aufbrausend, wie ich es noch nie erlebt hatte.

Wie Peter Rühmkorf meinen Vater rehabilitierte

Betrunken habe ich meinen Vater nie erlebt. Nur manchmal nach dem Abendessen, wenn ihm danach war, ging er in die Küche und holte sich eine zweite Flasche Bier. Dann wurde seine Stimme lauter und die Zunge flinker.

„Jetzt gib Ruhe, Erich", sagte meine Mutter, erreichte damit aber nur das Gegenteil, denn mein

Vater fing jetzt an, Gedichte vorzutragen, Gedichte der besonderen Art – Gossenlyrik:

Kommse ran, kommse ran
Hier werden Sie genauso beschissen
wie nebenan
Im ersten Akt sehen Sie gar nichts
Im zweiten sehen Sie Leila,
das bonfortionöse Negerweib
Frisst Kröten und Schlangen
Und scheißt Telegrafenstangen

„Hör mit dem Schweinkram auf", schimpfte meine Mutter. Aber einmal in Fahrt war mein Vater nicht mehr zu bremsen:

Harry Piel
Sitzt am Nil
Wäscht sein 'Stiel
Mit Persil

Mit solchen Versen konnte er meine Mutter auf die Palme bringen. Genau das wollte er und fuhr unbeeindruckt fort:

Mia Mai sitzt dabei
Schüttelt ihm das linke Ei

„Erich!", echauffierte sich meine Mutter. „Was soll der Junge denken."

Mein Vater schaute mich an und schmetterte:

Nebenan sitzt Henny Porten
Teilt die Eier in zwei Sorten

Meine Mutter sah ein, dass sie keine Chance hatte. Entnervt verdrehte sie die Augen, stand auf und ging in die Küche. Mein Vater rief ihr nach:

Goethe spielt Flöte
Auf Schiller sein 'Triller

Natürlich war der Schlagabtausch zwischen den beiden kein ernsthafter Streit, aber er hatte einen ernsthaften Hintergrund. Meine Mutter war heilfroh, dass sie die Armut hinter sich gelassen hatte, und sie wünschte nichts sehnlicher, als dass ihr Mann und ihr Sohn tunlichst alles unterließen, was an die proletarische Herkunft erinnerte. Und dazu gehörte für sie eben auch alles Ordinäre. Mein Vater war natürlich auch froh, dass es in den 1950er Jahren aufwärts ging, doch er weigerte sich strikt, sich von seiner Herkunft zu distanzieren. Meine Mutter beneidete die Reichen, mein Vater verachtete sie – Halunken, die noch nie von ihrer Hände Arbeit gelebt hatten.

„Arm aber ehrlich", sagte er, wenn er von damals erzählte, und es schwang Stolz in diesen Worten mit.

Jahre später erschien im Rowohlt Verlag von Peter Rühmkorf das Buch *Über das Volksvermögen,* eine Sammlung der Poesie von unten, obszöne Abzählreime und schlüpfrige Lieder. In diesem Buch fand ich alles wieder, was mein Vater zum Besten gab, wenn er einen sitzen hatte.

Als ich meine Eltern zu Weihnachten besuchte, schenkte ich ihnen das Buch und las daraus vor. Meine Eltern waren perplex.

„Sowas wird gedruckt?", stammelte meine Mutter.

Mein Vater blickte sie triumphierend an und sagte: „Dann kann es ja kein Schweinkram sein."

„Ich geh mal Kaffee kochen", sagte meine Mutter und verschwand in der Küche, während mein Vater und ich anfingen zu singen:

Frau Wirtin hatte einen Traum
Der war so schön man glaubt es kaum
Der war wie ein Tedeum
Sie sah den Führer ausgestopft
Im Britischen Museum

Als ich ein paar Monate später meine Eltern wieder besuchte, sah ich Rühmkorfs Buch auf einem Ehrenplatz. Es stand im Wohnzimmerschrank zwischen der Badenden Venus und dem Porzellanelefanten, den mein Vater meiner Mutter zum zehnten Hochzeitstag geschenkt hatte.

Wie ich zur Literatur kam

Literatur, Kunst und Musik waren für meine Eltern fremde Welten. Aber es kam die Zeit des Wirtschaftswunders, und meine Eltern schafften sich einen neuen Wohnzimmerschrank an, mit zwei Schiebetüren aus Glas in der Mitte, wohinter man Dinge von besonderem Wert dekorativ aufstellte. Meine Eltern beschlossen, dort Bücher zu präsentieren, als Ausdruck des Luxus, den man sich nun leisten konnte. Und Bildung war Luxus.

Es gab zwei Buchgemeinschaften, den großen Bertelsmann Lesering und die kleinere Büchergilde Gutenberg, die von den Gewerkschaften betrieben wurde. Mein Vater entschied sich natürlich für die Büchergilde. Man wurde Mitglied, zahlte regelmäßig einen Beitrag und konnte dafür Bücher zu günstigen Konditionen erwerben. Ratlos blätterten meine Eltern die Prospekte durch, die die Gilde ihnen zuschickte. Wie sollten sie sich in dieser fremden Welt zurechtfinden?

Da sie nicht in der Lage waren, eine Entscheidung zu treffen, wurde ihnen jedes Vierteljahr ein

Buch zugeschickt, das die Gilde ausgesucht hatte. Meine Eltern stellten die Bücher hinter die gläsernen Schiebetüren und rührten sie nicht mehr an. Aber es gefiel ihnen, dass ich sie in die Hand nahm. So las ich *Ein Kampf um Rom* und *Götter, Gräber und Gelehrte,* aber auch *Das Brot der frühen Jahre.*

Zu dieser Zeit ängstigte mich wie alle Jungs aus der Nachbarschaft das Gerücht, onanieren führe zu Blindheit, Hirnerweichung und Rückenmarkschwund. Einem war dies von seinem Vater angedroht worden, ein anderer kam mit dieser Schreckensmeldung aus der Kirche. Dann schickte die Gilde ein neues Buch, *Short Stories* von Ernest Hemingway. Eine der Geschichten erzählt von einem Jungen, der sich mit einem alten Angler anfreundet und ihm schließlich anvertraut, dass er onanierte, aber panische Angst habe, krank zu werden und sterben zu müssen. Der Alte lacht und sagt, er solle ruhig seinem Vergnügen weiter nachgehen, er selber mache das auch und wäre immer noch quicklebendig.

Triumphierend las ich den Jungs aus der Nachbarschaft die Geschichte vor. Da hatten wir die Wahrheit. Schwarz auf weiß! Und Hemingway hatte einen neuen Fan.

Schreiben

Ich war fest entschlossen, so einer wie Hemingway zu werden. Ein richtiger Kerl, ein Weiberheld, Abenteurer und Nobelpreisträger, der seinem Leben mit der Schrotflinte ein Ende setzt. Auf meinem Weg zum Ruhm kam mir der Umstand entgegen, dass mein Vater einmal in der Woche mit zwei Arbeitskollegen Skat spielte. Sie trafen sich nicht in der Kneipe, sondern zu Hause, reihum. Jeden dritten Freitag kamen sie zu uns. Meine Mutter machte dann Schnittchen, und meine Aufgabe war es, die Spieler mit Bier aus dem Kühlschrank zu versorgen.

Während sie einen Null Ouvert oder einen Grand Hand auf den Tisch knallten, konnte ich mich in den Sessel verkriechen, der neben dem Fernseher stand. Ich hatte ein Schreibheft auf dem Schoß und begann meine erste Kurzgeschichte. Sie spielte in einer Spelunke.

Drei Gangster saßen um einen Tisch herum und pokerten. Dollarbündel stapelten sich auf dem Tisch. Unter den Westen trugen sie Revolver.

Ein Kellner in einer schäbigen Livree brachte ihnen eine Flasche Whiskey. Von draußen hörte man das Wiehern ihrer Pferde. Weiter kam ich nicht, denn die Skatspieler brauchten Nachschub.

Schnell brachte ich das Bier und verkroch mich gleich wieder in meiner Höhle. Jetzt verlor einer von den Gangstern Haus und Hof. Nach dem nächsten Bier wurde einer dabei erwischt, dass er mit gezinkten Karten spielte. Es kam zu einer wilden Schießerei.

Nach dem letzten Bier kam der Sheriff, die drei lagen röchelnd am Boden und hauchten einer nach dem andern ihr jämmerliches Leben aus.

Damit endete auch die letzte Skatrunde. Mit einem waghalsigen Grand Hand hatte mein Vater den Abend für sich entschieden. Und meine Geschichte war fertig. Dem Nobelpreis stand nichts mehr im Wege.

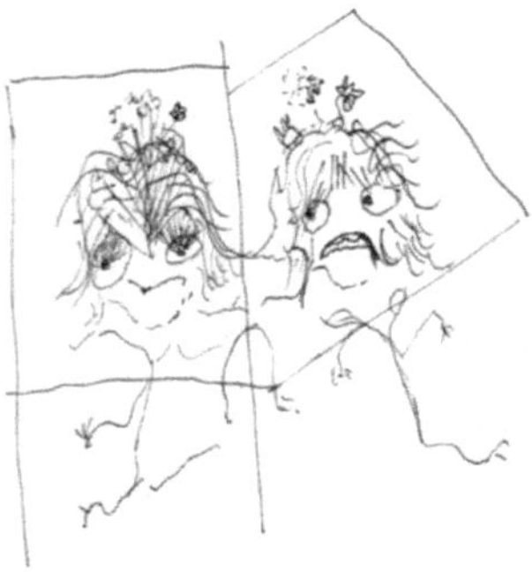

Katholische Augen

Die neuen Nachbarn kamen aus Schlesien. Meine Eltern, normalerweise freundliche Leute, reagierten harsch. Es hieß, Herr und Frau Gärtner bekämen Geld vom Staat in schwindelerregender Höhe, genannt „Lastenausgleich". Und dann waren sie auch noch katholisch.

„Katholiken kann man nicht trauen", sagten meine Eltern. „Katholiken sind falsch, das sieht man ihnen schon an den Augen an."

Herr und Frau Gärtner hatten eine Tochter. Ingrid war 13 Jahre alt, zwei Jahre älter als ich, und unter ihrer Bluse wölbten sich ihre kleinen Hügel. Ich verliebte mich sofort in sie und geriet in heftige Verwirrung, denn vor den Eltern musste ich meine Liebe geheim halten.

Ich war davon überzeugt, es hätte ein Donnerwetter gegeben, wenn sie mitbekommen hätten, was ich für den Feind empfand. Keine Gelegenheit ließ ich aus, um Ingrids Nähe zu suchen.

Dann stand ich da und schaute ihr in die Augen, und versuchte herauszufinden, was an ihnen katholisch war. Ich konnte aber nichts finden. Es waren einfach nur wunderschöne Augen, von denen ich den Blick nicht lassen konnte. Bis mich Ingrid entnervt anblaffte: „Glotz nicht so, du Idiot."

Da wusste ich, dass meine Eltern recht hatten: Katholiken kann man nicht trauen.

Der Wechsel

1962 ging der Direktor des Gymnasiums in Pension und ein neuer kam. Schon die äußere Erscheinung der beiden war ein Unterschied wie von Tag und Nacht. Der alte, Eberhard Blume, war groß gewachsen und hatte einen mächtigen, kantigen Schädel, die Haare gescheitelt und den Nacken ausrasiert. Der neue hieß Wilhelm Geiger, war von schmächtiger Statur und hatte krauses, wuscheliges Haar, das von keiner Frisur gezähmt wurde. Für meine Eltern sah er so aus, wie sie sich Künstler vorstellten, und sie beäugten ihn demensprechend mit Skepsis. Als erstes teilte er uns mit, dass wir die Schülerzeitung in Zukunft alleine machen könnten, ohne den Lehrer, den der alte Direktor uns als Kontrolleur und Zensor an die Seite gestellt hatte. Dann rief er eine Theatergruppe ins Leben und inszenierte Max Frischs *Andorra.*

Ich durfte den Andri spielen. Neue Lehrer kamen, junge Referendare. Der neue Lateinlehrer packte in der ersten Unterrichtsstunde seine Gitarre aus und sang Balladen von François Villon.

Zum Übersetzen gab er uns nicht mehr *De bello gallico,* sondern Liebesgedichte von Catull. Es war, als hätte Wilhelm Geiger die Fenster aufgestoßen und frischen Wind in die Klassenzimmer gelassen. Den alten Nazis, von denen es noch immer etliche im Lehrerkollegium gab, machte er das Leben schwer, wo er nur konnte, piesackte sie, kanzelte sie in aller Öffentlichkeit ab, bis sie einknickten und sich an eine andere Schule versetzen ließen oder gleich in den vorzeitigen Ruhestand.

Einer von ihnen war unser Geschichtslehrer Fritz Timme. Als Mitglied der SS und Professor war er zuständig für die nationalsozialistische Lehrerausbildung und die Fortbildung der Mitarbeiter des Reichssicherheitshauptamtes gewesen. Bei der Entnazifizierung wurde er als „belastet" eingestuft, verlor seine Professur – und wurde Studienrat an unserem Gymnasium, wo er uns mit seinen begeisterten Erzählungen aus seinen Kriegszeiten auf die Nerven ging. Welch ein Irrsinn. Wäre er doch bloß Professor geblieben. 1968 hätten die Studenten ihm die Hölle heiß gemacht und seine Veranstaltungen so lange gestört oder boykottiert, bis er von sich aus aufgegeben und um seine Emeritierung gebeten hätte. Stattdessen ließ man ihn auf uns wehrlose Schüler los. Aber irgendwann warf auch er das Handtuch und verschwand in den Ruhestand.

Sein Nachfolger ging mit uns in den Filmraum und zeigte uns *Bei Nacht und Nebel* von Alain Resnais. Es war das erste Mal, dass die Vernichtung der Juden Gegenstand des Unterrichts war – zwei Jahrzehnte nach Kriegsende.

Wir Existentialisten

Mein Schulfreund Volker Gransow und ich waren vom Existentialismus fasziniert. Jean-Paul Sartre und Albert Camus waren unsere Götter, unsere Göttin war Juliette Gréco. *Die Geschlossene Gesellschaft* und *Der Fremde* gehörten zu unserer Standardausrüstung. Wir trugen die Bücher in unseren Jackentaschen überall mit, und wenn wir uns nach der Schule im Café trafen, legten wir sie demonstrativ auf den Tisch. Alle sollten sehen, wes Geistes Kinder wir waren. Aus den Illustrierten kannten wir die Fotos von der Pariser Bohème, wie sie in den Bistros und Straßencafés von Saint-Germain saß und sich die Welt erklärte.

Wir kleideten uns wie sie, trugen schwarze Rollkragenpullover und rauchten Gauloises ohne Filter. Sätze wie „Die Hölle, das sind die anderen“ gingen uns ganz selbstverständlich von den Lippen. Uns machte keiner was vor, wir hatten den Durchblick.

Eines Tages berichtete Volker, sein Vater habe ihm erzählt, Camus sei an seinem starken Rauchen gestorben. Am Schluss habe er nur noch gehustet und Blut gespuckt. Es war uns klar, dass er das als Warnung verstanden wissen wollte, bei uns aber kam das Gegenteil an:

Wir rauchten, was das Taschengeld hergab, husteten, bis wir heiser waren, krächzten und röchelten und spuckten und spuckten. Aber ohne Erfolg, es kam kein Blut. Schließlich gaben wir auf und fügten uns in unser Schicksal. Bevor wir Camus in den Tod folgen konnten, mussten wir uns wohl doch erst mal aufs Abitur vorbereiten.

Der Russe kommt

Ich hatte Bernhard Wickis Film *Die Brücke* gesehen, ich hatte Bertrand Russell gelesen und den Briefwechsel zwischen Günther Anders und Claude Eatherly, dem Piloten der US-Luftwaffe, der mitverantwortlich war für den Abwurf der Atombombe auf Hiroshima und später in psychiatrische Behandlung kam. Ich hatte an den Ostermärschen teilgenommen und für eine Welt ohne Atomwaffen demonstriert.

Nicht verwunderlich also, dass ich, als eines Tages der Erfassungsbescheid der Bundeswehr im Briefkasten lag, zu meinen Eltern sagte, ich hätte mich entschieden, den Kriegsdienst zu verweigern. Meine Mutter ängstigte sich, es könnte mir Nachteile bringen. Aber mein Vater sagte: „Wenn du das tun willst, dann machst du das."

Die Angst meiner Mutter war nicht unbegründet. Kaum hatte ich den Antrag gestellt, da klingelte es an unserer Tür. Zwei Arbeitskollegen meines Vaters kamen herein und zogen meinen Vater ins Vertrauen: Bei ihnen war jemand vorstellig geworden, einer vom Verfassungsschutz, der Erkundigungen über mich einholen wollte. Er wollte wissen, ob ich eine kommunistische Gesinnung hätte. Sie aber hätten einen auf doof gemacht und nur gesagt, dass ich ein sehr netter Junge sei, der keiner Fliege was zu Leide tun könnte, dass ich höflich sei und aufs Gymnasium ginge.

„Wie bei den Nazis!", rief meine Mutter in Panik.

„Willst du immer noch den Kriegsdienst verweigern?", fragte mich mein Vater. Ich blieb dabei.

„Dann macht der Junge das", entschied mein Vater.

Ich wurde Mitglied der Internationale der Kriegsdienstverweigerer. Jeden Freitag traf sich eine Gruppe Gleichgesinnter und bereitete sich unter Anleitung eines Juristen auf die Anhörung vor dem Kreiswehrersatzamt vor.

Dann kam der Termin. Ich saß vor einem Prüfungsausschuss, der aus vier Herren bestand. Sie würden jetzt mein Gewissen prüfen, sagten sie und fingen mit Fragen nach meiner Familie an, ob es Verwandte gäbe, Brüder oder Vettern, die auch den Wehrdienst verweigert hätten. (Sie sagten nicht „Kriegsdienst", sie sagten „Wehrdienst"). Ich verneinte.

Dann kamen sie zur Sache: „Stellen Sie sich mal vor, Sie gehen mit Ihrer Freundin durch den Wald.

Da kommt ein Russe, der will Ihre Freundin vergewaltigen. Was würden Sie tun?“ Gab es eine größere Hinterhältigkeit als diese Frage, deren Absicht auf der Hand lag?

Würde ich antworten, dass ich den Russen notfalls mit Gewalt daran hindern würde, dann wäre ich kein Pazifist. Würde ich behaupten, dass ich meine Freundin widerstandlos der Vergewaltigung preisgeben würde, dann wäre ich völlig unglaubwürdig. Egal, was ich antworten würde, es hätte keinen Bestand vor diesem Tribunal.

Ich fühlte mich hereingelegt wie von Trickbetrügern. Und auf diese Prüfung hatte ich mich mit der größten Sorgfalt vorbereitet! Sie hatte noch gar nicht richtig angefangen, da war sie schon zu Ende, und ich hatte verloren. Ein seltsames Gefühl der Befreiung überkam mich. Jetzt konnte mir alles egal sein, jetzt konnte ich meiner Wut freien Lauf lassen.

„Warum kommt ausgerechnet ein Russe?“ fragte ich so aggressiv ich konnte. „Warum kein Amerikaner?“ Das war's. Die Herren blickten sich kurz an, dann meinte der Vorsitzende: „Wir haben keine weiteren Fragen.“

Schon eine Woche später bekam ich den Bescheid, dass ich durchgefallen war.

Ich setzte mich in den Zug und fuhr zu meinem Cousin nach Berlin. Er gab mir einen Untermietvertrag, mit dem ich zum Einwohnermeldeamt ging und einen Westberliner Personalausweis beantragte, den ich ein paar Wochen später erhielt.

Nun war ich kein Westdeutscher mehr, sondern Westberliner, und Westberliner mussten nicht zum Militärdienst. Ich war nicht der Einzige, der diesen Weg wählte, um dem Kriegsdienst zu entgehen. Als ich später studierte, wurde an der Freien Universität mehr geschwäbelt als berlinert. Allesamt standen wir unter dem Verdikt, Drückeberger zu sein. Aber das störte mich nicht. Ich hatte ein faires Verfahren gewünscht und war ausgetrickst worden. Also trickste ich selber. Das hatte der Staat nun davon.

Sand im Getriebe der Welt

Ein paar Wochen vor dem Abitur nahm Direktor Wilhelm Geiger mich nach der Unterrichtsstunde beiseite und fragte mich, ob ich die Abiturientenrede zur Entlassungsfeier halten wolle.

Mir rutschte das Herz in die Hose. Warum gerade ich? Was erwartete er von mir? Konnte ich dem überhaupt gerecht werden? Ich stotterte: „Ja, gern – aber –“

„Sie machen das schon“, sagte er und ließ mich stehen.

Die folgenden Tage verbrachte ich am Schreibtisch, schrieb und verwarf das Geschriebene, schrieb neu und verwarf es abermals.

Die Rede sollte nicht kämpferisch sein aber auch nicht duckmäuserisch. Doch wie einen Mittelweg finden? Schließlich fand ich die Tonlage, die mir angemessen schien: Entschieden in der Sache aber konziliant in der Haltung. Eigentlich so, wie ich es mir von meinem Vater abgeguckt hatte.

Ich schrieb über Dogmen und Hypothesen, kritisierte das Autoritäre und favorisierte den Zweifel.

Den Text wollte ich unserem Direx geben, aber der sagte nur: „Ich will die Rede erst auf der Abifeier hören, wie jeder andere auch."

Also stand ich zur Feierstunde auf dem Podium und las meine Rede mit vor Aufregung bebender Stimme vom Manuskript ab. Bald vernahm ich Tuscheln im Saal aus den hinteren Reihen, wo die Lehrer saßen. Ich wurde unsicher.

Das Tuscheln wuchs an, deutlich hörte ich die tiefe Stimme unseres Mathematiklehrers Otto Winkel. Ich las schneller, verhaspelte mich und kam endlich zum Ende.

Mein Vortrag schloss mit einem Zitat von Günter Eich: „Seid unbequem, seid Sand, nicht das Öl im Getriebe der Welt."

Da sprang Otto Winkel auf und brüllte: „Aufhören! Sofort aufhören!" Polternd verließ er den Raum und knallte die Tür hinter sich zu. Mit hochrotem Kopf verließ ich das Podium, während Musiklehrer Dr. Sander ans Dirigentenpult hastete.

Während ich mich setzte, erhaschte ich einen Blick vom Direx und ich glaubte, ein Lächeln auf seinem Gesicht zu erkennen. Das Schulorchester setzte ein und intonierte die Fidelio-Ouvertüre. Langsam wich der Schock aus meinen Gliedern, und Wut stieg in mir auf. Ich fühlte mich auf eine maßlose Weise ungerecht behandelt.

Am Abend fand im Grünen Jäger der Abschlussball statt. Ich stand mit Freunden an der Bar, als ich unter den Gästen Ulrike entdeckte, die Tochter unseres Mathelehrers. Sie war zwei Jahre älter als ich und hatte das Abitur schon hinter sich. Beim nächsten Walzer fasste ich mir ein Herz und forderte sie zum Tanz auf. Wir tanzten, und ich führte uns immer näher an den Tisch, wo ihr Vater saß. Er ließ uns nicht mehr aus den Augen. Als der Walzer zu Ende war, und wir keine Lust mehr zum Tanzen hatten, ging Ulrike mit mir aus dem Saal nach draußen auf den Parkplatz zu ihrem Auto. Wir setzten uns in den Wagen, sie küsste mich, ich küsste sie. Sie zeigte mir, was ein Zungenkuss ist und wir knutschten, dass es kein Ende nehmen wollte. Da plötzlich wurde die Wagentür aufgerissen, Otto Winkel stand vor uns und starrte uns sprachlos an.

„Aufhören!", schrie er. „Sofort aufhören!" Und plötzlich geschah mir etwas, womit ich nicht gerechnet hatte: Ich brach in schallendes Gelächter aus. Diese Reaktion machte den Mann völlig hilflos. Er drehte sich um und ging davon. Ich blickte hinter ihm her, aber Ulrike drehte meinen Kopf zu sich und wir knutschten weiter.

Vom Sagen der Wahrheit

Als wir im Tübinger SDS unsere ersten Aktionen gegen den Vietnamkrieg machten, waren wir getragen vom Impetus der Aufklärung. Wir druckten Flugblätter mit Zeitungsartikeln aus der *Neuen Zürcher Zeitung*, *Le Monde* und *New York Times*, Blätter, die nun wirklich nicht unter dem Verdacht standen, linksradikal zu sein, gleichwohl eine kritische Haltung zur amerikanischen Politik einnahmen. Das müsste doch den Lesern die Augen öffnen über die Schrecken des Krieges.

Die Hoffnung täuschte. Als wir die Flugblätter vor der Mensa verteilten, wurden wir von Burschenschaftlern umringt. Sie rissen uns die Flugblätter aus den Händen, zerfetzten sie und prügelten auf uns ein. Die Aufklärung war wohl doch nicht der richtige Weg.

Die Aktionskünstler, die zu dieser Zeit mit ihren Happenings Furore machten, waren da schon weiter. Sie wollten das Publikum nicht mehr belehren, sie wollten es schockieren. Sie warfen Luftballons mit roter Flüssigkeit ins Publikum oder drangsalierten es mit ohrenbetäubendem Lärm bis es die Flucht ergriff. Das war ganz nach unserem Geschmack.

Ulrich Enzensberger, Antonia Grunenberg und ich gründeten ein Kabarett, welches das Publikum einer Schocktherapie unterziehen sollte. Wir nannten es „Die Spaßkammer", mieteten uns im Jazzkeller in der Altstadt ein und schrieben das erste Programm so zynisch, bösartig, geschmacklos und beleidigend wie nur irgend möglich.

Die Uraufführung war ein voller Erfolg, allerdings nicht so, wie wir ihn erhofft hatten: Statt sich beleidigt zu fühlen, jubelte das Publikum, und in den Lokalzeitungen erschienen überschwängliche Kritiken. Irgendetwas mussten wir falsch gemacht haben.

Wir saßen am Neckar beim Hölderlinturm und grübelten darüber nach, was wir tun könnten, damit dem Publikum das Lachen verginge. Schließlich kamen wir auf die Idee, beim nächsten Programm die Bühne in ein Konzentrationslager zu verwandeln. Stacheldraht sollte das Publikum umgeben.

Wir würden in den SS-Uniformen der Wachmannschaft auftreten und einen aus dem Publikum auffordern, auf die Bühne zu kommen. Wir würden ihm die Hände auf dem Rücken fesseln und die Augen verbinden. Dann würden wir ihm befehlen, sich hinzuknien und würden so tun, als wollten wir ihn mit einem Genickschuss töten. Erst fanden wir den Plan großartig, dann kamen uns aber Zweifel. Es war ja nur Illusion. Das Publikum würde selbst das noch goutieren. Wir wussten nicht weiter und saßen schweigend da, bis schließlich einer von uns aussprach, was wir alle dachten: „Dann müssen wir ihn eben wirklich erschießen." Das war nur konsequent. Aber uns fehlte nicht nur eine echte Pistole, es fehlte uns vor allem der Mut, sie zu benutzen.

Nur der Theologiestudent an der Abendkasse hatte Ernst gemacht. Er hatte gewissermaßen sein eigenes Happening veranstaltet und war mit unseren gesamten Einnahmen durchgebrannt. Dadurch waren wir jetzt erst einmal damit beschäftigt, die Kosten, die unser Kabarettabenteuer verursacht hatte, abzustottern.

Das war das Ende der Spaßkammer. Ein neues Programm gab es nicht.

Hans Helmcke rettet die Welt

Zu Beginn meiner Studienzeit in Berlin entwickelte ich eine eigentümliche Neigung zum Rotlichtmilieu. Ich hatte Clemens Frömmig kennengelernt, der Malerei studierte, seine Zeit aber vor allem in Kneipen, Bars, Nachtlokalen und Bordellen verbrachte. Als Sohn reicher Eltern konnte er sich das leisten und mich zu seinen Eskapaden auch noch einladen. Wahrscheinlich war es gar nicht das Milieu selber, das mich anzog, sondern das Verruchte und Anstößige, mit dem die Wohlanständigen es umgaben. Meine Eltern wären entsetzt gewesen, hätten sie davon gewusst. Allein dieser Gedanke gefiel mir so sehr, dass ich Clemens häufig auf seinen Streifzügen durch die Nächte begleitete.

So lernte ich die Pension Clausewitz kennen, im großbürgerlichen Charlottenburg in der Clausewitzstraße 4 gelegen, ein paar Minuten vom Kurfürstendamm entfernt, ein Edelbordell, mit dessen Besitzer Clemens gut bekannt war.

Hans Helmcke war der unangefochtene Herrscher über das Westberliner Reich der Prostitution.

Er war Mitte vierzig, rauchte die dicksten Zigarren, die er kriegen konnte, war auf dem Höhepunkt seiner Macht und verfügte über beste Kontakte zu den oberen Zehntausend. Gerüchte wussten von Prominenten, die als Stammgäste seine Pension Clausewitz durch die Hintertür aufsuchten. Minister, Senatoren, Wirtschaftsbosse. An Clemens und mir hatte Helmcke aus welchen Gründen auch immer einen Narren gefressen.

Wir waren keine Freier, wir saßen nur am Tresen, tranken Sekt und unterhielten uns mit den Huren – schräge Vögel wir beide, die sich in seinem Etablissement wohlfühlten.

Eines Tages hockten wir mal wieder am Tresen, als sich plötzlich die Tür krachend öffnete, ungefähr zwanzig Polizisten mit gezogenen Pistolen an uns vorüber rannten und in den hinteren Räumen verschwanden, wo sogleich Lärm und Geschrei losbrachen.

Es dauerte nicht lange, dann kamen sie zurück und führten sieben oder acht Chinesen an Handschellen auf die Straße. Gleich darauf stürzte Helmcke aus seinem Büro und rannte hinterher. Auf der Straße setzte sich der Tumult fort. Wir eilten zur Tür und schauten zu.

Die Chinesen wurden in einen Mannschaftswagen verfrachtet, Helmcke stand davor, umringt von Polizisten, vor sich den Einsatzleiter, den er anbrüllte: „Sind Sie verrückt geworden? Sie riskieren den dritten Weltkrieg."

Dann sah er uns in der Tür und befahl uns mit einer herrischen Handbewegung, zurück ins Haus gehen. Offenbar wollte er keine Zeugen. Also gingen wir wieder hinein. Eine Viertelstunde später hörte man das Klappen von Autotüren, das Anlassen der Motoren, das Wegfahren der Autos. Dann war der Spuk vorbei, und Helmcke kam zurück. Sichtlich stolz holte er eine Flasche Sekt aus dem Kühlschrank und schenkte ein. Wir prosteten ihm zu. Er zündete sich genussvoll eine Zigarre an und erzählte freimütig, was vorgefallen war: Die Chinesen waren hochrangige Mitarbeiter der chinesischen Botschaft in Ostberlin, die hin und wieder nach Westberlin fuhren, um in der Pension Clausewitz zu pokern – und das in einer Zeit, da der Kalte Krieg auf seinem Höhepunkt war, Westberlin einem Pulverfass glich und sich amerikanische und russische Panzer an der Sektorengrenze schussbereit gegenüberstanden.

Hätte irgendein Journalist davon Wind bekommen, wäre der Teufel los gewesen und die Diplomatie hätte alle Hände voll zu tun gehabt, damit es nicht zu irgendwelchen Verwicklungen kam, die allzu schnell außer Kontrolle hätten geraten können.

Helmcke führte noch ein paar Telefonate, dann hatte seine Intervention den gewünschten Erfolg.

Die Chinesen kamen frei und kehrten nach Ostberlin zurück. Und am nächsten Tag war in keiner Zeitung auch nur ein Sterbenswörtchen davon zu lesen, was sich in dieser Nacht in der Pension Clausewitz zugetragen hatte.

Asconada

Bei einem anderen Besuch stellte Helmcke eine Flasche ohne Etikett vor uns auf den Tresen und sagte, er habe jetzt einen besseren Sekt auf der Karte. Seine neue Hausmarke. Schmeckte ziemlich fuselig.

„Hier muss was Hübsches drauf.", sagte er zu Clemens. „Mal mir ein schönes Etikett." Und zu mir gewandt: „Du bist Dichter. Denk dir einen schönen Namen aus."

Ein paar Wochen vorher war ich mit dem Reichskabarett auf Tournee in der Schweiz gewesen und bei dieser Gelegenheit auch nach Ascona gekommen. Zum ersten Mal in meinem Leben war ich in mediterraner Umgebung. Wie im Rausch ging ich durch die Altstadt und über den Markt und schlenderte die Promenade am Lago Maggiore entlang. Ascona war betörend. Was lag da näher, als den Clausewitz-Sekt „Asconada" zu taufen? Clemens malte eine Landschaft mit Weinbergen und schrieb in filigraner Schrift Asconada über die Hügel. Wir zeigten Helmcke unser Werk. Er war begeistert.

Als wir das nächste Mal die Pension Clausewitz besuchten, stellte die Barfrau eine Flasche vor uns hin, auf der unser Etikett prangte. Helmcke hatte es drucken lassen, und die Prostituierten hatten in stundenlanger Kleinarbeit die Flaschen damit beklebt.

„Geht aufs Haus!" rief Helmcke und drückte jedem von uns fünfzig Mark in die Hand. Es war das erste Honorar, das ich für meine schriftstellerische Tätigkeit erhielt. Der Asconada schmeckte plötzlich sehr viel besser, und ich dachte: Wenn das so weitergeht, sieht meine Zukunft rosig aus.

Die Einen und die Anderen

In der 68-Zeit lebte ich mit Maria zusammen. Ich hatte sie im Reichskabarett kennengelernt, wo sie am Tresen arbeitete. Immer wenn ich kam, ging sie in die Küche und brachte dick belegte Stullen, die sie mir heimlich zusteckte.

Manchmal besuchten wir ihre Mutter, die Liese genannt wurde und wunderbare Kuchen backte. Bei einem dieser Besuche nahm mich Liese beiseite. Sie trat mit mir ans Fenster, schob die Gardine einen Spalt weit zur Seite, deutete auf das Haus gegenüber und flüsterte mir ins Ohr: „Da drüben sind zwei junge Leute eingezogen, ein Mann und eine Frau. Die sind nicht verheiratet."

„Aber Liese", sagte ich. „Maria und ich sind doch auch nicht verheiratet."

Für einen Moment schwieg sie. Man konnte geradezu sehen, wie es in ihrem Kopf rumorte. Dann hatte sie die Lösung gefunden und sagte entschieden: „Bei euch ist das was anderes."

Negermusik in der Judenschule

Mein Vater war kein Antisemit, was ihn nicht daran hinderte, auf das Vokabular der Nazis zurückzugreifen. Wenn ich Mitschüler zu Besuch hatte und wir zu laut waren, polterte er: „Hier geht's ja zu wie in der Judenschule.“ Oder wenn ich mit meinem Kofferradio auf dem Bett lag und laut Jazz hörte. Dann polterte er: „Mach die Negermusik aus.“ Zuerst nahm ich dergleichen als Schimpfwörter wahr. Später jedoch, als ich Dolf Sternbergers *Wörterbuch des Unmenschen* gelesen hatte, erkannte ich sie als typischen Nazijargon und machte meinem Vater heftige Vorwürfe, die darin gipfelten, dass er wohl doch ein verkappter Nazi sei. Er war zutiefst gekränkt und redete den ganzen Abend kein Wort mehr mit mir.

Es dauerte etliche Jahre, bis mir dämmerte, dass da etwas ganz gewaltig schiefgelaufen war. Ausgerechnet ich, der so sehr in die Literatur vernarrt war, hatte nicht begriffen, dass das Gesagte nicht identisch sein muss mit dem Gemeinten. Dass Wörter ihre Konnotation haben. Denkt man die nicht mit, kann man nicht auf Verständnis stoßen. Stattdessen häuft sich ein Berg von Missverständnissen und Vorurteilen an.

Mein Vater griff zu jenen Wörtern, weil sie für ihn die drastischste Form waren, um seine Autorität durchzusetzen. Ich entschuldigte mich bei ihm für meine Überheblichkeit, aber er wischte die Entschuldigung beiseite und sagte: „Ich wusste schon damals, dass du es nicht so gemeint hast.“

Die Inder

Fritz Stechert hatte es nicht leicht im Leben. Er war schwul zu einer Zeit, als es das Wort noch nicht gab und Homosexualität unter Strafe stand. Wir lernten uns in Tübingen kennen, wo er für das Studententheater die Bühnenbilder entwarf.

Als ich zum Studium nach München ging, verloren wir uns aus den Augen. In Berlin sahen wir uns wieder. Er litt an Schizophrenie und hatte eine schwere Paranoia entwickelt. Seine Krankheit war unter Umständen auffällig geworden, die deshalb so bemerkenswert sind, weil sie seiner Krankheit eine zeitgemäße Form gaben. Es war 1968, er lebte bei seiner Mutter, und die Studentenbewegung war auf ihrem Höhepunkt. Fritz hörte Stimmen, die ihm sagten, er müsse etwas gegen den Hunger in der Dritten Welt tun. Als seine Mutter für ein paar Tage verreiste, legte er sich ins Bett und aß nichts mehr. Das hielt er zwei Tage durch, dann übermannte ihn der Hunger so sehr, dass er entschied, zum Bäcker zu gehen, um sich ein Brötchen zu kaufen. Er wollte aber bei dem Streikbruch nicht ertappt werden. Also zog er ein Kleid seiner Mutter an, setzte einen ihrer Hüte auf und ging in dieser Verkleidung zum Bäcker. Die Verkäuferin erkannte ihn natürlich, blieb aber vor Schreck sprachlos, sodass Fritz die Maskerade für gelungen hielt und fortan jeden Morgen zum Bäcker ging und bald auch zum Metzger.

Als seine Mutter aus dem Urlaub zurückkam, erzählte man ihr brühwarm, was ihr Sohn in ihrer Abwesenheit getrieben hatte. Ohne langes Federlesen nahm sie ihn bei der Hand und ging mit ihm zum Arzt.

Der ließ ihn in die Karl-Bonhoeffer-Nervenklinik einliefern, im Volksmund „Bonnies Ranch“ genannt. Immer wieder mal wurde er entlassen, dann wieder eingeliefert, dann wieder entlassen – in dauernder Wiederholung. Und wenn er mal wieder draußen war, besuchte er mich.

Eines Tages kam er aufgeregt zu mir und erzählte, er sei mit zwei Tüten voller schmutziger Hemden und Hosen in den Waschsalon gegangen. Die Tüten habe er an einer der Waschmaschinen abgestellt, sei zum Automaten gegangen, habe Münzen reingesteckt und sei zurück zur Waschmaschine gegangen – da seien die Tüten plötzlich weg gewesen.

„Das waren die Inder!", rief er und zog nervös an seiner Pfeife. Ich wollte wissen, wie er darauf käme, dass ausgerechnet Inder ihm die Tüten geklaut hätten.

„Na, das kannst du dir ja wohl denken", sagte er mit Nachdruck. Mehr konnte ich ihm nicht entlocken, das Gespräch wurde unergiebig, ich brach es ab und schlug ihm vor, wir sollten einen Spaziergang machen.

Kaum hatten wir die Wohnung verlassen und waren auf der Straße, als er plötzlich stehen blieb und seine Jackentaschen abtastete.

„Meine Pfeife ist weg!", rief er.

„Ach, Fritz", sagte ich. „Du wirst deine Pfeife bei mir in der Wohnung liegengelassen haben."

„Das waren die Inder", beharrte er.

Mir schoss ein Gedanke durch den Kopf: Jetzt ist der Moment gekommen, da mir gelingt, woran alle ärztliche Kunst bisher gescheitert war. Ich werde einem Paranoiker beweisen können, dass er paranoid ist. Er wird es zugeben müssen. Kleinlaut wird er sagen müssen: „Ich habe mich geirrt."

„Ob wirklich die Inder deine Pfeife geklaut haben, lässt sich leicht feststelle", sagte ich. „Wir gehen zurück in die Wohnung und schauen nach. Dann wissen wir Bescheid." Fritz zögerte und dachte angestrengt nach. Dann gab er sich einen Ruck: „Einverstanden." Wir machten kehrt und gingen in die Wohnung zurück.

Natürlich lag seine Pfeife im Aschenbecher auf dem Tisch. Gespannt wartete ich auf seine Reaktion. Was würde er jetzt tun?

Würde er die Wahrheit akzeptieren und eingestehen, dass es nicht die Inder waren? Fritz schwieg, steckte die Pfeife ein und ging langsam hinaus. Auf der Straße liefen wir eine Weile schweigend nebeneinander her. Er blickte düster vor sich hin. Zu gern hätte ich gewusst, was in ihm vorging.

Nach einiger Zeit wurde mir das Schweigen unerträglich. Ich wollte ihn aufmuntern und sagte: „Weißt du, es gibt für alles eine vernünftige Erklärung. Du bist einfach ein bisschen vergesslich."

Er blieb stehen, schaute mich lange an und sagte: „Du hast recht."

Sein Gesicht hellte sich auf, die Augen blitzten. Triumphierend rief er: „Und schuld daran sind die Inder!“

Mein Adorno

In der Studienzeit war ich von Studenten umgeben, die mir intellektuell haushoch überlegen waren. Sie konnten nächtelang über Literatur und Philosophie reden und über die Kritische Theorie. Damit ich mithalten konnte, mauserte ich mich zum Hochstapler. Mein Halbwissen füllte ich mit Schlüsselbegriffen der Kritischen Theorie auf, „Verdinglichung“ beispielsweise oder „Verblendungszusammenhang“, die ich hin und wieder in die Diskussion einstreute. „Ist das nicht selbst schon verdinglicht?“, fragte ich dann. Und bald ging mir Adornos stilistische Eigenheit, das nachgestellte „sich“, flott von den Lippen: „Im Reich der erotischen Qualitäten scheint eine Umwertung sich zu vollziehen.“ Eigentlich war es ganz einfach. So einfach, dass in mir der Verdacht aufstieg, die anderen könnten auch Hochstapler sein.

Aber seltsam, der Reiz, der von diesen Gesprächen ausging, begann allmählich, auf die Gegenstände der Gespräche selber abzufärben. Und so fing ich an, jene Bücher zu lesen, über die ich bis dahin so nur palavert hatte.

Der Mann mit den goldenen Kugeln

Auf unseren Demonstrationen tauchte eines Tages ein Mann auf, der schon allein dadurch auffiel, dass er ein Transparent hochhielt, das nicht nur auf der Vorder- sondern auch auf der Rückseite beschriftet war. So konnten die Passanten am Straßenrand, wenn wir an ihnen vorüberliefen, seine Parole auch dann lesen, wenn er schon an ihnen vorüber war. Seine Parole lautete: „Dem Himmel seine Freiheit!" Während wir „Ho, Ho, Ho Chi-Minh!" skandierten, rief er „Dem Himmel seine Freiheit!"

Als ich ihn nach dem Sinn seiner Parole fragte, erzählte er, dass im Himmel, fürs bloße Auge nicht sichtbar, goldene Kugeln schweben würden, direkt über ihm. Sie würden Strahlen in seinen Kopf senden und seine Gedanken kontrollieren, was entsetzliche Schmerzen verursachen würde. Wohin er auch gehe, stets seien sie über ihm. Wenn er Schutz unter einer Brücke suche, würden die Strahlen durch sie hindurchdringen, wie auch durch die Zimmerdecke seiner Wohnung. Es gebe kein Entrinnen. Wir nannten ihn fortan den „Mann mit den goldenen Kugeln".

Eines Tages kam er nicht mehr auf unsere Demonstrationen. Wer weiß, vielleicht war er an einen guten Therapeuten geraten. Oder waren die Schmerzen so unerträglich geworden, dass er in die Spree gesprungen war? Die Demonstrationen jedenfalls werden ihn nicht geheilt haben.

Man kann den Mann natürlich für verrückt erklären. Aber wenn man an die Satelliten denkt, die die Erde umkreisen und genau wissen, wo wir uns befinden, jeden unserer Schritte registrieren, uns beim Grasmähen zuschauen, beim Spaziergang begleiten und uns sagen, dass wir an der nächsten Kreuzung rechts abbiegen sollen, dann war seine Paranoia nicht weit von der Realität entfernt. Er litt gewissermaßen an einer vorausschauenden Verrücktheit. Der einzige Unterschied zu uns war der, dass wir keine Schmerzen verspürten und unsere Wahrnehmung dadurch getrübt war.

Café Kastanienbaum

Als ich in Charlottenburg lebte, verbrachte ich die Nachmittage in meinem Stammcafé Cour Carrée am Savignyplatz. Hier traf man immer jemanden, mit dem man einen Espresso und einen Remy Martin trinken und ausgiebig plaudern konnte. Wenn ich aber meine Ruhe haben wollte, ging ich eine Querstraße weiter in das Café Herzog, ein winziges, schäbiges und nur wenig frequentiertes Lokal. Hier kannte mich niemand, hier konnte ich mich in eine Ecke setzen und ungestört lesen.

Das Buch, das ich zuletzt im Café Herzog las, war George Orwells Roman *Neunzehnhundertvierundachtzig*, die Geschichte von Winston Smith, der im Überwachungsstaat des „Großen Bruders" lebt, in Widerspruch zum System gerät, Widerstand leistet, verraten, verhaftet und gefoltert wird, bis man ihn als gebrochenen Mann aus der Haft entlässt. Das Buch fesselte mich, und ich las es in jeder freien Minute, merkwürdigerweise aber nie zu Hause, sondern nur in dem Café, das ich bald Café Kastanienbaum nannte, weil Winston Smith seine Zeit in einem Café dieses Namens verbrachte. Da schwang noch Ironie mit, denn zunächst registrierte ich genau, wie sehr ich mich mit meinem Helden identifizierte. Doch das änderte sich von Tag zu Tag, von Kapitel zu Kapitel. Die Differenz zwischen uns beiden schwand dahin. Sein Café Kastanienbaum und mein Café Herzog wurden eins. Kam ich an einer Litfaßsäule vorüber, sah ich, wie der Große Bruder auf mich herabschaute. Setzte ich mich an einen Tisch, tastete ich unter der Platte nach einem verborgenen Mikrofon. Ich war Winston Smith.

Am Ende des Romans hockt Winston im Café Kastanienbaum, schüttet sich mit Gin zu und schaut auf das Bild des Großen Bruders an der Wand:

„Er blickte hinauf zu dem riesigen Gesicht. Vierzig Jahre hatte er gebraucht, um zu erfassen, was für ein Lächeln sich unter dem dunklen Schnurrbart verbarg. O grausames, unnötiges Missverstehen. O eigensinniges, selbst auferlegtes Verbanntsein von der liebenden Brust. Zwei nach Gin duftende Tränen rannen an den Seiten seiner Nase herab. Aber nun war es gut, war alles gut, der Kampf beendet. Er hatte den Sieg über sich selbst errungen. Er liebte den Großen Bruder".

Ich las diese Zeilen, schaute auf und erblickte an der Wand gegenüber das Bild des Großen Bruders. Zwei nach Remy Martin duftende Tränen rannen an den Seiten meiner Nase herab.

Zu Hause stellte ich das Buch zurück an seinen Platz im Regal, legte mich ins Bett, wälzte mich aber schlaflos hin und her, stand wieder auf, ging in meine dritte Stammkneipe Ax Bax und trank Bier, bis ich um ein Haar vom Hocker gefallen wäre. Dann wankte ich nach Hause, stellte den Fernseher an und schlief ein.

Zwei Tage später kam ich auf dem Weg zum Cour Carrée am Café Herzog vorbei. Aber es existierte nicht mehr. Die Fenster waren zerborsten, große Löcher starrten mich an, die Fassade war schwarz.

Im Cour Carrée griff ich zur Zeitung. Im Lokalteil las ich, dass ein Feuer das Lokal vollständig zerstört hatte. Man vermutete Brandstiftung. Mein Café Kastanienbaum! Ich stand unter Schock. Natürlich sagte mir mein Verstand, dass es zwischen Orwells Roman und dem Brand keinen Zusammenhang gab, ich war ja nicht verrückt. Dennoch konnte ich den Gedanken nicht abwehren, dass es zwischen mir und dem Café unheimlich zuging, gerade so, als hätte der Große Bruder den Brand gelegt, um Winston Smith und mich endgültig zu vernichten.

Wochenlang vermied ich es, am Café Herzog vorbeizugehen, um dem Ort der Katastrophe nicht zu nahe zu kommen. Irgendwann aber erschien mir das lächerlich, und ich zwang mich, den alten Weg zu nehmen. Neue Fenster, eine neue Tür, die Fassade neu gestrichen, nichts deutete mehr auf das hin, was hier geschehen war. Die Vergangenheit hatte keine Spuren hinterlassen. Wo einst das Café Herzog war, bot jetzt ein Fachgeschäft für Raucherbedarf seine Waren feil. Ich kaufte mir ein Päckchen Schwarzer Krauser, ging ins Cour Carrée, bestellte Espresso und Remy Martin, drehte mir eine Zigarette, rauchte und fühlte mich erleichtert. Nun war alles gut.

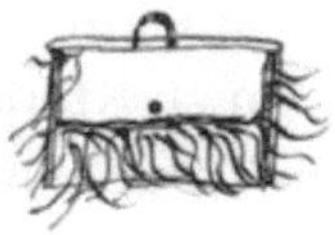

Mein Mao

Die Studentenbewegung war von kurzer Dauer, ein Höhenflug, der mit einer Bruchlandung endete. Schon 1969 gab es die ersten Zersetzungserscheinungen, ein Jahr später löste sich der SDS auf. Nicht wenige kehrten in die vorgezeichneten Biografien zurück, schlossen ihr Studium ab und wurden Lehrer oder Professor. Etliche wandten sich der SPD zu, andere der DKP, wieder andere ließen sich von Peter Urbach, einem Spitzel des Verfassungsschutzes, mit Waffen ausstatten und gründeten die RAF.

Auch meine Bekannten und ich stellten sich die Frage, wie es denn nun weitergehen sollte. Und etliche kamen zu der Überzeugung, es müsse eine neue revolutionäre Partei her wie die von Mao Zedong. Die besonders Überzeugten gingen zum Frisör ließen sich die Haare kürzen und einen Scheitel verpassen, wie sie ihn zu Kinderzeiten hatten.

Sie gingen auf den Trödelmarkt und kauften sich eine zerschlissene Lederjacke und eine abgewetzte Aktentasche. Wie sie sich eben echte Proletarier vorstellten. So verwandelt begaben sie sich zu ihren klandestinen Treffen. Sie alle wurden Parteikader – nur ich nicht. Dabei war ich doch genauso von Mao Zedong und der Kulturrevolution begeistert wie sie. Auch mich hatte ja nach dem Niedergang der Studentenbewegung die Sehnsucht gepackt, alles Krumme und Schiefe müsste endlich auf einem schnurgeraden Weg zum Sozialismus führen. Endlich keine Zweifel mehr.

Aus meiner Sympathie zu Mao machte ich keinen Hehl. In der Dissertation, die ich zusammen mit Götz Schmidt schrieb, sangen wir ein Loblied auf die chinesische Presse, weil sie im Gegensatz zu den hiesigen Zeitungen eine „Zusammenfassung von Erfahrungen der Massen" sei. (Ich weiß bis heute nicht, ob es meine eigene Überzeugung war oder Anbiederung. Ich fürchte, beides. Und es treibt mir bis heute die Schamesröte ins Gesicht.) Ich war mir sicher, demnächst würde das Telefon klingeln und Christian Semler, Peter Neitzke oder

Jürgen Horlemann, die Obermaoisten, würden mich zum Kadergespräch einladen. Aber das Telefon klingelte nicht. Ich war gekränkt. Ich wartete. Es klingelte nicht.

Schließlich fand ich mich damit ab, dass die Weltrevolution wohl ohne mich stattfinden würde, und so hatte das Warten auf den Telefonanruf ein Ende. Insgeheim war ich erleichtert. Das Leben als Kader war nicht einfach, das hatte ich ja mitbekommen. Es erforderte Disziplin und die Unterwerfung unter eine Politik, die immer absurdere Züge annahm. Nein, dazu war ich wohl doch nicht geeignet. Schon in der Studentenbewegung war ich bei Demonstrationen und Sit-ins nur der Mann für die zweite Reihe. Die Kontakte zu den Freunden von einst verloren sich, und als 1980 die KPD ihre Auflösung bekannt gab, nahm ich das nur noch als Notiz in der Zeitung wahr.

Die Jahre vergingen. Christian Semler wurde Journalist bei der taz, irgendwann nach der Wende zog er in den Prenzlauer Berg, und irgendwann trafen wir uns bei meinem Stammitaliener Brot & Rosen. Ich wollte wissen, warum ich damals nie gefragt worden war, ob ich mit dabei sein wollte.

Obwohl Jahrzehnte vergangen waren, erinnerte sich Christian ganz genau: Recherchen hätten ergeben, dass ich intensive Kontakte zu Leuten aus der

SEW pflegte, jenem Westberliner Wurmfortsatz der SED, der für die Maoisten natürlich ein rotes Tuch war. Sie hätten den Hinweis erhalten, dass die SEW mich als Spitzel in die KPD einschleusen wollte.

„Das mussten wir natürlich verhindern“, sagte Christian. Ich hatte überhaupt keine Ahnung, was er meinen könnte, aber es dauerte nicht lange, bis wir das Rätsel lösten. Damals gab es in der Nähe des Reichskabaretts eine Kneipe namens Drehscheibe. Dort tranken wir nach den Vorstellungen unser Bier. In unmittelbarer Nähe zu der Kneipe hatte der Berliner Extra-Dienst seine Redaktionsräume. Ein Blättchen, das mit der SEW sympathisierte.

Natürlich tranken die Redakteure auch in der Drehscheibe ihr Bier. Und natürlich kannte man sich, natürlich redete man am Tresen miteinander, und wenn es um Politik ging auch gegeneinander. Das war's. Daraus hatte irgendein paranoider Wirrkopf konstruiert, ich sollte im Auftrag der SEW als Spitzel in die KPD eingeschleust werden.

Die Anweisungen dazu würde ich auf Geheimtreffen in einem Lokal namens Drehscheibe in Empfang nehmen. Und die nicht minder paranoiden Maoisten hatten ihm geglaubt.

Da sitzen wir beide nun, Christian und ich bei Brot & Rosen, essen jeder eine Dorade und schütteln unsere Köpfe über das, was damals geschehen war. Was aber, wenn ich zum Kadergespräch eingeladen worden wäre? Wenn ich Mitglied der KPD geworden wäre? Was wäre dann aus mir geworden? Irgendwie war ich jenem Wirrkopf dankbar.

Wie ich Lenin nach Ostberlin schmuggelte

Während der Studentenbewegung war ich hin und wieder als Kurier tätig, fuhr nach Ostberlin und holte Propagandamaterial aus den Botschaften Chinas und Nordvietnams, die Mao-Bibel, die wir vor der Mensa verteilten oder Filme, die wir auf Veranstaltungen zeigten. Da ich kein Auto hatte, lieh ich mir dazu den Wagen eines Freundes.

Bei einer dieser Fahrten winkte der Grenzsoldat mich aus der Schlange der Wartenden und forderte mich auf, den Kofferraum zu öffnen. Ich tat es. Zu meiner Überraschung lag dort ein großer Koffer. Der Grenzer forderte mich auf, ihn zu öffnen. Ich gehorchte – und traute meinen Augen nicht. In dem Koffer lag die Gesamtausgabe von Lenins Werken, alle 40 Bände, sorgsam aufgereiht vom ersten bis zum letzten. Ich weiß nicht, wer sie fassungsloser anstarrte, der Grenzer oder ich.

„Was ist das?", fragte er.

„Lenins Gesammelte Werke", sagte ich wahrheitsgemäß und wusste im selben Moment, dass ich einen gravierenden Fehler gemacht hatte. Die Wahrheit erfüllt nicht immer den erwünschten Zweck. In diesem Fall erreichte ich mit ihr das Gegenteil: Der Grenzer fühlte sich nicht ernst genommen.

„Das sehe ich selber!", blaffte er mich an. „Ich will wissen, warum?"

„Warum was?"

„Warum führen Sie Lenins Gesammelte Werke in die Deutsche Demokratische Republik ein?" Ich muss zugeben, dass diese Frage durchaus berechtigt war. Es gab Leute, die antikommunistische Propagandaschriften schmuggelten oder Pornos, die in Ostberlin heiß begehrt waren. Aber Lenin? Welchen Sinn sollte das haben? In jeder Ostberliner Buchhandlung wurden die blauen Bände von Marx und Engels und die braunen von Lenin angeboten wie Sauerbier. Niemand kaufte sie, abgesehen von ein paar revolutionär gesonnenen Studenten aus Westberlin, die hüben wie drüben gleichermaßen als Spinner galten. Mir dämmerte, was sich zugetragen hatte: Mein Freund, ein Aktivist der Evangelischen Studentengemeinde war jüngst von Jesus Christus zu Mao Zedong übergelaufen und hatte sich vorgenommen, bei seinem Urlaub in Spanien am Strand unter Palmen Lenin zu studieren. Und da er alles, was er tat, äußerst gründlich tat, nahm er gleich alle 40 Bände mit.

Natürlich las er nicht eine Zeile und nahm den Koffer ungeöffnet wieder mit nach Hause, empfand das aber als so peinliche Niederlage, dass er nach der Rückkehr beim Ausladen des Gepäcks Lenin im Kofferraum vergaß – eine klassische Fehlleistung.

Als ich dem Grenzer diese Geschichte erzählte, glaubte er mir kein Wort. Wer bitteschön schleppt 40 Bände Lenin als Urlaubslektüre mit nach Spanien?

Der Mann fühlte sich von mir verarscht. Wieder hatte ich mit der Wahrheit kein Glück und steckte nur noch tiefer im Schlamassel. Wie kam ich da wieder heraus? Ich versuchte es noch einmal mit der Wahrheit:

„Ich habe einen Termin bei der nordvietnamesischen Botschaft“, sagte ich. „Dort muss ich einen Film abholen, den wir heute Abend in der Universität zeigen wollen“, und fügte eindringlich hinzu, „im Rahmen unseres Kampfes gegen den amerikanischen Imperialismus.“

Damit hatte ich die Sache in den Rang eines Politikums gehoben, was sie aber nicht einfacher machte, denn nun wusste der Grenzer erst recht nicht mehr, was er von mir halten sollte. Sicherheitshalber schwieg er erst mal, nach dem Motto: Wer nichts sagt, macht keine Fehler.

„Ich schlage vor, Sie rufen bei der Botschaft an und lassen sich das bestätigen", sagte ich. Eigentlich war das naheliegend, aber der Grenzer rührte sich nicht. Ich ahnte, in welcher Bredouille er steckte. Ob ich nun ein Provokateur war oder ein Vollidiot, auf keinen Fall durfte er meinem Vorschlag folgen, denn der kam ja von mir. Also brauchte er eine Anstandspause, bis er so tun konnte, als sei die Idee von ihm.

„Sie warten hier!", befahl er mir, drehte sich um und ging in die nahe gelegene Baracke. Nach einer Weile kam er in Begleitung seines Vorgesetzten zurück. Der hatte offensichtlich mit der Botschaft telefoniert und die gewünschte Auskunft erhalten, denn er gab mir meine Papiere zurück und machte eine wegwerfende Handbewegung in meine Richtung, wie jemand, der lästiges Ungeziefer verscheuchen will, und marschierte zurück in die Baracke. Auch der Grenzer bedeutete mit einer zackigen Geste, ich solle endlich verschwinden. So schnell ich konnte, stieg ich ins Auto und fuhr los. Im Rückspiegel sah ich, wie er hinter mir herschaute und sich plötzlich zu einer menschlichen Regung hinreißen ließ: Er zeigte mir einen Vogel.

Das Geheimnis meines Vaters

Irgendwann Anfang der 1970er Jahre, ich war mit meinem Studium fast fertig, besuchte ich mal wieder meine Eltern und ging auf Bitten meiner Mutter in den Keller, um ein Glas Marmelade zu holen. Vor dem Regal stolperte ich, hielt mich daran fest, die Gläser rutschten gefährlich nach vorn und hinter ihnen kam eine Mappe zum Vorschein. Ich öffnete sie und fand ein Konvolut aus Briefen an meinen Vater, Briefe von ihm sowie öffentliche Bekanntmachungen. Ich konnte mir keinen Reim darauf machen, zeigte meinem Vater den Fund und fragte ihn, was es damit auf sich hat. Er war überrascht, als er das Konvolut sah und schwieg für einen Moment, als müsste er sich erst daran erinnern, aber vielleicht zögerte er nur.

Dann erzählte er mir: Da er von 1933 bis 1945 kontinuierlich bei Siemens gearbeitet hatte, vorher und danach wieder Betriebsrat gewesen war, Sozialdemokrat und Antifaschist, wurde er von den

Spruchkammern, die für die Entnazifizierung zuständig waren, als Gutachter hinzugezogen, wenn es sich um Leute handelte, die bei Siemens gearbeitet hatten.

Das Konvolut enthielt Briefe von Kollegen, die aus der Kriegsgefangenschaft heimkehrten und nun Antrag auf Entnazifizierung stellten. Sie teilten das meinem Vater mit, um von ihm eine entlastende Bewertung zu bekommen, einen Persilschein, wie man das nannte. Der ‚liebe Kollege' könne sich doch gewiss erinnern, dass man schon immer gegen den Krieg war, dass man nie an den Endsieg glaubte, dass man nur Mitglied der NSDAP geworden sei, weil die Familie massiven Druck ausgeübt habe. Mit den herzlichsten Grüßen an die Frau Gemahlin. Es folgte eine Aufforderung der Spruchkammer, Herr Michel möge sich zu dem Antragsteller äußern: „Die Auskunftserteilung erstreckt sich auf jede aktive nazistische Tätigkeit, insbesondere Ausübung von Parteiämtern, Tragen des Parteiabzeichens und der Uniformen der NSDAP, ihrer Gliederungen und Organisationen, Propaganda, Mitgliederwerbung, Ausnutzung einer Stellung als politisches Druckmittel oder der Mitgliedschaft bei der NSDAP zu übermäßigen Vorteilen oder Gewinnen, Bespitzelung anderer Personen, Erstattung von Anzeigen u. ä."

Dann kam das Gutachten meines Vaters und schließlich eine öffentliche Bekanntmachung über die Anhörung des Betreffenden, verbunden mit einem allgemeinen Aufruf an die Bevölkerung: „Die Entnazifizierungs-Anordnung 101a verfolgt den Zweck, das gesamte öffentliche Leben von allen nazistischen Überresten und Einflüssen zu säubern. Von der schnellen Erreichung dieses Zieles hängt ab, wann die Welt unserem neuen Deutschland ein größeres Maß von Vertrauen schenken kann. Darum ist es die Pflicht eines jeden anständigen Menschen und ehrlichen Antifaschisten, an einer gründlichen Durchführung der Bestimmungen mitzuarbeiten."

Die Gutachten meines Vaters zeigen deutlich, dass er sich Wirtschaftsbetriebe als ideologiefreie Räume vorstellte. So war der Betriebsfrieden sein wichtigstes Kriterium. Wer seine Arbeit tat und höchstens über innerbetriebliche Konflikte sprach, die mit der Werksleitung einvernehmlich gelöst werden konnten, hatte nichts zu befürchten. „Von aktivistischen Handlungen ist hier nichts bekannt", hieß es dann. Wer aber die Naziideologie in den Betrieb trug, wer Kollegen denunzierte, der fand keine Gnade. Dann schrieb mein Vater beispielsweise: „Herr Meutzel war einer der ersten Vertreter der nationalsozialistischen Ideologie innerhalb des Betriebes. Wiederholt erschien Meutzel während der Geschäftszeit in Uniform. Teile der noch hier beschäftigten Belegschaftsmitglieder sagen aus, dass Herr Meutzel außerhalb des Betriebes folgende Funktionen bekleidete: Ortsgruppenleiter der NSDAP, Schulungsleiter, Oberleutnant und Kompanieführer sowie Bataillonsführer im Volkssturm. Der Betriebsrat und auch ein großer Teil seiner früheren Mitarbeiter sind der Auffassung, dass Herr Meutzel innerhalb des Betriebes auf keinen Fall nur als nominelles Mitglied der NSDAP zu bewerten ist."

Gutachten dieser Art finden sich nur wenige in dem Konvolut. Zumeist heißt es: „Von aktivistischen Handlungen, z. B. Denunziationen ist hier nichts bekannt."

Was für ein Dokument hielt ich in Händen! Ich war wie elektrisiert. Das musste man veröffentlichen. Aber mein Vater sagte nur: „Wenn ich tot bin, kannst du damit machen, was du willst."

Es war nicht schwer, zu begreifen, was er meinte. Unter all denen, über die er Gutachten anfertigte, waren nicht nur Kollegen, sondern auch Vorgesetzte, die bald wieder seine Vorgesetzten wurden. Auch jener Herr Meutzel gehörte dazu, dem es gelang, sich so viele Persilscheine zu besorgen, dass die Spruchkammer sich über das Gutachten meines

Vaters hinwegsetzte und ihn als „Mitläufer“ einstufte.

Als mein Vater 1971 in Rente ging, durfte ich an der Abschiedsfeier teilnehmen. Es gab Häppchen und Bier, mein Vater bekam einen üppigen Präsentkorb mit allerlei Lebensmittel vom Feinsten. Und Herr Meutzel hielt eine überschwängliche Rede auf den „lieben Erich“.

Welche Brüche hat das Leben?

Je näher das Abitur heranrückte desto klarer wurde uns, dass es ein radikaler Einschnitt in unserem Leben werden würde. Neues Spiel, neues Glück. Die Phantasien schossen hoch. Die Klasse spaltete sich in zwei Gruppen. Die größere wollte nach Amerika auswandern, als Tellerwäscher arbeiten und Millionär werden. Die kleinere wollte nach Israel auswandern und in einem Kibbuz den Sozialismus verwirklichen. Nur Dörte und Sabine, die einzigen Mädchen in unserer Klasse hielten sich bedeckt. Sie hatten keine hochfahrenden Träume, sie wollten heiraten und Kinder kriegen, und zwar zwei, erst einen Jungen und dann ein Mädchen.

Fünfzehn Jahre später fuhr ich nach Braunschweig zum Klassentreffen. Wir trafen uns im Grünen Jäger, wo wir damals unser Abitur gefeiert hatten, begrüßten uns mit großem Hallo, aßen Schnitzel oder Gulasch, tranken Bier und erzählten reihum, wie es uns ergangen war. Niemand war ausgewandert, nicht nach Amerika, nicht nach Israel und auch sonst nirgendwohin. Alle hatten brav studiert und waren in die Fußstapfen ihrer Väter getreten. Der Sohn des Zahnarztes hatte Zahnmedizin studiert und des Vaters Praxis übernommen, der Sohn des Rechtsanwalts hatte Jura studiert und arbeitete jetzt in der väterlichen Kanzlei. Sabine präsentierte stolz die Fotos ihrer beiden Kinder. Kein Lebensweg hatte einen Bruch, alles baute auf Kontinuität, und auch sonst waren sich alle treu geblieben: Der Weiberheld prahlte mit seinen Eroberungen, der Weitgereiste mit seinen weiten Reisen, der Vielfraß fraß viel, die Sportskanone lief Marathon, die schweigsame Dörte schwieg. Als sei die Zeit stehen geblieben. Und für dieses niederschmetternde Erlebnis bin ich extra nach Braunschweig gefahren.

Als Dörte aufgefordert wurde, endlich etwas von sich zu erzählen, gab sie knapp Auskunft. Auch sie habe zwei Kinder, aber keine Fotos dabei, und würde in der Oldenburger Stadtverwaltung arbeiten, in der Planungsabteilung fürs Verkehrswesen. Und hüllte sich wieder in Schweigen. Einmal kreuzten sich unsere Blicke, und ein verlegenes Lächeln huschte über ihr Gesicht.

Als die Reihe an mich kam, wusste ich nicht, was ich sagen sollte. Alles, was mir wichtig war, der SDS, die Kommune, die Studentenbewegung, das Reichskabarett und das Grips Theater, die Herausgabe der Berliner Hefte, meine Stücke und meine Filme passte irgendwie nicht ins Bild. Also beschränkte ich mich auf die Auskunft, dass ich Akademischer Rat an der Universität Osnabrück geworden war, was wohlwollend zur Kenntnis genommen wurde.

Es war Zufall, dass Dörte und ich im selben Hotel Zimmer genommen hatten. Spät abends saßen wir an der Hotelbar. Sie fragte mich, wie es mir ergangen sei, und ihr berichtete ich, was ich beim Klassentreffen nicht zur Sprache gebracht hatte.

„Warum hast du denn nichts davon erzählt?", wollte sie wissen.

„Ich hatte das Gefühl, es interessiert nicht", sagte ich. Und jetzt erzählte auch Dörte von sich: Ihre Ehe war in die Brüche gegangen, nachdem sie ihre Neigung zu Frauen entdeckt hatte.

Jetzt lebte sie mit ihrer Liebsten und den Kindern in einer Landkommune bei Gorleben und war aktiv in der Anti-Atom-Bewegung.

„Wenn ich das erzählt hätte – wozu?"

Ich begleitete sie zu ihrem Zimmer, und als wir vor der Tür standen, im Augenblick des Abschieds, gestand ich ihr, dass ich damals zur Schulzeit in sie verliebt war, aber überhaupt nicht wusste, wie ich ihr das hätte deutlich machen können. Sie lächelte und sagte: „Und nun ist es zu spät. Aber wenn du willst, kannst du mich küssen."

Wir küssten uns, ganz vorsichtig und zart und leicht und sanft. So, wie es damals hätte sein können, wenn ich mutig genug gewesen wäre.

Dann, im Bett, bevor ich einschlief, war mein letzter Gedanke: Schau an, es hat sich doch etwas verändert.

Bratheringe im Wirtschaftswunder

Eines meiner Lieblingsgerichte waren Bratheringe. Wenn ich aus der Schule kam und der Geruch des gebratenen Fisches durchs Haus zog rannte ich erwartungsvoll die Treppe hinauf. Aber irgendwann gab es keine Bratheringe mehr. Meine Mutter sagte: „Der Gestank zieht durch die ganze Wohnung." Und der Brathering war vom Speiseplan gestrichen. Später gestand sie mir den wahren Grund: Hering galt noch immer als Arme-Leute-Essen. Der Geruch verriet den Nachbarn, dass es bei uns Bratheringe gab, und meine Mutter war in Sorge, sie könnten denken, wir hätten für Besseres kein Geld.

Es war die Zeit des Wirtschaftswunders. Man musste zeigen, dass man sich etwas leisten konnte. Erst das Telefon, dann das Auto, dann der Fernseher. Der Kuchen mit „guter Butter" gebacken und der Schinken möglichst nur mit ganz dünnem Fettrand. Für popelige Heringe war da kein Platz.

Jahrzehnte später bekam ich wieder mein Lieblingsgericht. Was war geschehen? Ganz einfach: wegen der Überfischung der Meere war aus dem Arme-Leute-Essen eine Delikatesse geworden. Es stank nicht mehr im Treppenhaus, es duftete wieder. Und alle durften es riechen.

Gute alte Zeit

Auch meine Mutter gehörte zu jenen Menschen, die die Vergangenheit verklärten. Früher war alles besser. Natürlich nicht der Krieg, der war schlimm. Ohnehin war das Leben hart. Aber es hatte auch seine guten Seiten. Man hielt zusammen und half sich gegenseitig. In den Zeiten des Wirtschaftswunders änderte sich das. Je größer der Wohlstand, desto größer Neid und Missgunst.

Aber irgendwann – meine Mutter war schon über achtzig – ereignete sich etwas völlig Unerwartetes. Wir saßen auf dem Sofa und blätterten in alten Fotoalben, als sie plötzlich zu weinen anfing. Unter Tränen erzählte sie, dass mein Großvater freitags regelmäßig betrunken von der Arbeit kam. Die Lohntüte hatte er für Bier und Schnaps geplündert, sodass meine Großmutter nicht mehr wusste, wie sie die Familie durch die Woche bringen sollte. Ein Wort gab das andere, dann schlug er vor den Augen der fünf Kinder auf meine Großmutter ein. Den Kindern war das längst nicht mehr fremd. Sie umringten ihre Mutter und klammerten sich an ihr fest. So fest, dass der Vater sie nicht von der Mutter losreißen konnte. Dann erst ließ er von ihr ab und schwankte zurück in die Kneipe. Meine Mutter war 88 Jahre alt, als sie mir das erzählte. So lange hatte es gedauert, bis sie fähig war, das Schreckliche auszusprechen. Sie hatte es nicht verschwiegen, sondern verdrängt. Beim Betrachten der alten Fotos tauchte ungewollt Verschüttetes aus den schwarzen Tiefen der Vergangenheit auf. Das Unerwünschte war nicht mehr zu bändigen.

Oma Matschas

In dem Haus in Charlottenburg, in dem ich früher wohnte, lebte eine alte Frau, die so aussah, wie wir uns als Kinder eine Oma vorstellten: klein, mit einer blauen Kittelschürze, die Haare zu einem Dutt zusammengedreht. Sie hatte helle, blaue Augen, die unentwegt Heiterkeit ausstrahlten. Oma Matschas war verwirrt und vielleicht deshalb so heiter.

Manchmal, wenn ich nachts nach Hause kam, traf ich sie auf der Straße, wie sie den Bürgersteig fegte. Der müsse endlich mal sauber gemacht werden, schimpfte sie. Ich nahm ihr den Besen aus der

Hand, fegte ein paar Minuten, sie nannte mich einen braven Jungen, und dann ließ sie sich nach Hause bringen.

Ich hatte einen schönen, aus Weide geflochtenen Papierkorb. Wenn er voll war, leerte ich ihn im Innenhof aus, ließ ihn neben den Mülltonnen stehen, ging einkaufen und nahm ihn auf dem Rückweg wieder mit in die Wohnung. Eines Tages aber, als ich vom Einkaufen kam, blieb ich im Innenhof erschrocken stehen. Mein Papierkorb war weg!

Noch nie war in unserem Haus etwas geklaut worden. Aufgeregt berichtete ich einer Nachbarin davon, als Oma Matschas dazu kam und mich tröstete: Sie habe einen Papierkorb, den sie nicht brauche. Den könne ich haben. Wir gingen in ihre Küche und da stand mein Papierkorb. Ob er mir gefalle, wollte Oma Matschas wissen. Ich bejahte, und daraufhin schenkte sie ihn mir. Ich war glücklich, meinen Papierkorb wieder zu haben, und sie war glücklich, dass sie mich glücklich machen konnte. Was für ein Tag!

Der fliegende Berg

Einer, den es immer wieder in die weite Welt zog, kam kürzlich von einer langen Reise durch Asien zurück und erzählte uns von seinen Abenteuern. Am meisten hatte ihn beeindruckt, was er im Hochland von Tibet zu sehen bekam. Sein Begleiter hatte ihn zu einem Berg geführt, von dem die Leute berichteten, dass er sich in grauer Vorzeit wie ein ungebärdiges Kind benahm: Es bereitete ihm großes Vergnügen, durch die Lüfte zu fliegen. Dabei konnte es ohne weiteres passieren, dass er bei der Landung ein ganzes Dorf zerstörte. Ein schlechtes Gewissen hatte er dabei nicht, dazu hatte er viel zu viel Spaß am Fliegen.

Die Dörfler sannen auf Abhilfe. Schließlich kamen sie auf den Einfall, das Abbild eines ruhenden Buddha ins Gestein des Berges meißeln zu lassen. Sie beauftragten einen bekannten Bildhauer, der sich sofort an die Arbeit machte. Das Ergebnis kann man noch heute bewundern: Ins Felsgestein ist Buddha gemeißelt, auf der Seite liegend, die rechte

Hand stützt den Kopf, während die linke ausgestreckt am Körper liegt – die Ruhe in Person.

Kaum hatte der Bildhauer seine Arbeit beendet, flog der Berg nicht mehr. Wie hätte er das auch tun können? Dann wäre ja auch Buddha geflogen, aber ein ruhender Buddha fliegt nicht. Der Berg war gezähmt, und die Dörfler konnten wieder gefahrlos ihrer Arbeit nachgehen.

Einer der Zuhörer hatte Zweifel am Wahrheitsgehalt der Legende, worauf der Reisende beleidigt sagte: „Wenn Sie mir nicht glauben, dann überzeugen Sie sich doch selbst. Fahren Sie nach Tibet, und Sie werden sehen, dass der Berg dort steht, seit undenklichen Zeiten, und sich nicht rückt und nicht rührt."

Alte Schule, neue Schule

Eines Tages traf ich zufällig eine Bekannte wieder. Wir hatten uns schon vor vielen Jahren aus den Augen verloren, freuten uns über das unverhoffte Wiedersehen, lachten und umarmten uns.

„Darauf müssen wir was trinken", sagte sie, und da wir gerade vor der ehrwürdigen Weinstube Lutter & Wegner standen, packten wir die Gelegenheit beim Schopfe und gingen hinein. Es dauerte auch nicht lange, bis der Kellner an unseren Tisch kam. Eine ungewöhnliche Erscheinung: steinalt, hager, das Gesicht zerfurcht, die Haare schlohweiß.

Er trug einen Frack mit Fliege und verbeugte sich formvollendet.

„Was darf ich Ihnen bringen?“

„Wir hätten gern einen Wein“, sagte meine Bekannte.

„Sehr wohl“, sagte er, blickte aber nicht sie, sondern mich an, ging dann fort und kam mit der Weinkarte zurück, die er nicht ihr, sondern mir reichte. Da meine Bekannte die Bestellung aufgegeben hatte und sich mit Wein viel besser auskannte als ich, gab ich die Karte an sie weiter. Sie wählte einen Wein aus.

„Sehr wohl“, sagte der Kellner zu mir und ging wieder fort. Bald kam er mit zwei Gläsern und der Flasche zurück, stellte die Gläser vor uns, öffnete die Flasche, schnupperte prüfend am Korken und schenkte einen Schluck zur Probe ein – in mein Glas. Ich schob es zu meiner Bekannten, sie trank und sagte zum Kellner: „Sehr fein.“

„Das freut mich“, sagte er zu mir und schenkte ein, erst das Glas der Dame, dann das Glas des Herrn. Wir genossen den Wein und plauderten über vergangene Zeiten, erzählten uns Anekdoten, schauten aber immer wieder dem Kellner zu, wie er gravitätisch durch die Weinstube schritt, als sei sie eine Bühne, auf der er eine tragende Rolle spielte und wir, die Gäste seine Komparsen waren.

Beim nächsten Auftritt brachte er uns Käsehäppchen, Erdnüsse und Oliven.

„Sind Sie zufrieden?“, fragte er, an mich gewandt.

„Sind wir zufrieden?“, gab ich die Frage an meine Bekannte weiter.

„Ja, wir sind zufrieden“, sagte sie.

„Wir sind zufrieden“, gab ich an den Kellner weiter.

Er machte eine leichte Verbeugung in meine Richtung, sagte: „Das freut mich“, und verschwand wieder.

Die Zeit verging wie im Fluge, und schließlich mussten wir aufbrechen. Meine Bekannte winkte den Kellner herbei und sagte zu ihm: „Ich möchte bitte bezahlen.“

„Sehr wohl“, sagte der Kellner zu mir, kam auch bald mit der Rechnung und legte sie neben mein Glas. Demonstrativ legte meine Bekannte einen Geldschein daneben.

„Stimmt so“, sagte sie zum Kellner, ihn ansehend.

„Vielen Dank“, sagte er zu mir.

Wir standen auf, bereit um Gehen. Der Kellner eilte zur Tür und öffnete sie.

„Einen schönen Tag noch“, sagte er und verbeugte sich.

„Ihnen auch“, sagte ich und machte einen demonstrativen Bückling.

Meine Bekannte verabschiedete sich mit einem angedeuteten Knicks. Da, zum ersten Mal, schaute der Kellner sie an und sagte leicht indigniert: „Aber gnädige Frau. Ich bin doch nur der Kellner.“

Das Revolutiönchen

Geduldig wartend stand ich im Postamt hinter einer älteren Dame, die mit dem Beamten am Schalter in ein Gespräch verwickelt war, das kein Ende nehmen wollte. Schon hatte sich eine lange Schlange gebildet. Doch das Problem, in das die beiden sich verheddert hatten, schien unlösbar. Die Dame hatte eine Benachrichtigung erhalten, dass für sie ein Brief zum Abholen bereitliege. Der Beamte hatte den Brief vor sich liegen und die Dame aufgefordert, sie möge sich ausweisen, um sich als diejenige zu legitimieren, die zum Empfang des Briefes berechtigt war. Das aber konnte sie nicht, denn wie es das Unglück wollte, befand sich der Ausweis in dem Brief. Sie sei bei ihrem Bruder zu Besuch in Helmstedt gewesen, erklärte sie. Bei der Rückreise habe sie ihren Ausweis vergessen, und ihr Bruder habe ihn ihr nachgeschickt. Nun stecke er in dem Briefumschlag. Aber diese Erklärung verfing bei dem Beamten nicht. Ohne Ausweis kein Brief, dazu sei er verpflichtet. Sonst könne ja jeder kommen.

„Machen Sie den Brief auf!“, forderte die Dame sichtlich verärgert. „Dann sehen Sie, dass mein Ausweis drin ist.“ Empört wies der Beamte dieses Ansinnen zurück: „Ich öffne nicht die Post fremder Leute. Darf ich gar nicht.“ Die Sache war klar: Die Dame hatte das Recht, ihren Brief zu bekommen, und der Beamte hatte das Recht, den Ausweis zu verlangen. Beide Rechte prallten unversöhnlich aufeinander. Ein Teufelskreis.

Da hörte ich hinter mir eine laute Stimme: „Da hilft nur eine Revolution.“ Verwundert drehte ich mich um. Der Zwischenrufer sah ganz und gar nicht wie ein Revoluzzer aus, eher wie ein Steuerberater kurz vor dem Ruhestand. Aber sein Zwischenruf ließ den Beamten erstarren. Man sah förmlich, wie vor seinem geistigen Auge Bilder einer Revolution auftauchten, mit allem Drum und Dran, mit Barrikaden, Füsilieren und der Guillotine. Auf seiner Stirn bildeten sich Schweißperlen.

„Ein Revolutiönchen tut's auch“, rutschte es aus mir heraus. Es sollte ein Witz sein, um die Situation zu entspannen, aber der Beamte und die Dame schauten mich so durchdringend an, dass ich begriff, plötzlich nicht mehr nur Zuschauer zu sein, sondern einer der Akteure.

„Wie meinen Sie das?“, fragte mich die Dame eindringlich. Mir kam die rettende Idee.

„Er darf den Brief natürlich nicht öffnen“, sagte ich zu der Dame. „Aber ich dürfte, natürlich nur mit Ihrem Einverständnis.“

„Mein Einverständnis haben Sie!“, rief die Dame laut. Ich griff nach dem Brief. Vor Schreck ließ der Beamte es geschehen. Ich riss den Umschlag auf, holte den Ausweis hervor und gab ihn der Dame. Der Beamte saß erstarrt da, Panik in den Augen. Die Dame bedankte sich bei mir, sagte zu dem Beamten und allen Umstehenden: „Sehen Sie! Mein Ausweis. Jetzt hat alles seine Ordnung“, nahm den Brief und den Ausweis und verließ das Postamt. Nun war ich an der Reihe und kaufte fünf Briefmarken. Der Beamte gab sie mir und tupfte sich dabei den Angstschweiß von der Stirn. Ich bezahlte und ging.

Draußen hatte die Dame auf mich gewartet.

„Ein Revolutiönchen“, kicherte sie, als könnte sie immer noch nicht fassen, was sich eben zugetragen hatte. Diese Geschichte werde sie ihren Enkeln erzählen, die Geschichte von der Oma, die ein Revolutiönchen angezettelt hatte.

Wir plauderten noch angeregt, als aus dem Postamt jener Mann kam, der mit seinem Aufruf zur Revolution den Teufelskreis durchbrochen hatte. Er ging an uns vorüber und schmunzelte. Ich schaute ihm nach und sah, dass er hinkte.

Da schoss mir durch den Kopf: Wenn es jetzt auch noch nach Schwefel röche, dann wäre ich gerade dem Leibhaftigen begegnet.

Die Erbschaft meines Onkels

Onkel Willi und Tante Agnes lebten in München, und als ich dort studierte, luden sie mich öfter sonntags zum Essen ein. Der Onkel, ein leidenschaftlicher Schachspieler, ging jedes Mal nach dem Essen an den Wohnzimmerschrank und holte sein Schachspiel hervor. Fast feierlich legte er das Brett auf den Tisch, und wir stellten die Figuren auf. Sie waren aus Holz und alt, abgegriffen und lädiert. Einem Turm fehlte eine Zinne, einem Springer ein Ohr. Onkel Willi zündete sich eine Zigarre an, ich drehte mir eine Zigarette und dann schlugen wir unsere Schlachten, während Tante Agnes durch die Wohnung stürmte und die Fenster aufriss. Sie hatte ihrem Mann das Rauchen verboten, nicht etwa, weil es ungesund wäre, sondern weil der Qualm ihre schönen weißen Gardinen vergilben lassen würde.

Aber wenn ich zu Besuch kam, machte sie eine Ausnahme, und so waren die Sonntage, an denen ich mit Onkel Willi Schach spielte, für ihn in mehrfacher Hinsicht ganz besondere Tage: Er hatte einen Gegner, den er ein ums andere Mal Schachmatt setzen und dabei mit unverhohlener Zufriedenheit seine Frau beobachten konnte, wie sie unter seinem Zigarrenqualm litt. Sonntags beim Schach war Onkel Willi der Herr im Hause.

Ich hatte München verlassen und setzte mein Studium in Berlin fort, als ich die Nachricht bekam, dass mein Onkel verstorben war. Ich fuhr zur Beisetzung und blieb über Nacht bei Tante Agnes. Am nächsten Morgen beim Abschied fasste ich mir ein Herz und sagte zu ihr, wenn sie irgendwann auf den Gedanken kommen sollte, mich zu fragen, ob ich etwas haben wollte, was mich an meinen Onkel erinnert, dann wäre das sein Schachspiel. Das könne ich haben, sagte sie, schränkte aber ein: „Wenn du mit dem Studium fertig bist.“

Die Jahre vergingen. Jedes Mal, wenn ich mit einem Freund Schach spielte, kamen mir die alten, abgegriffenen Figuren meines Onkels in den Sinn. Endlich war ich mit dem Studium fertig. Und als ich zu einer Tagung nach München musste, besuchte ich meine Tante und erinnerte sie an ihr Versprechen.

„Hast du eine Arbeit?“, fragte sie.

„Nein, noch nicht.“

„Wenn du eine Arbeit hast, dann bekommst du das Spiel.“ Ich konnte mir keinen Reim darauf machen, was das sollte, aber mir blieb nichts anderes übrig als mich zu fügen.

Und wieder vergingen einige Jahre, bis ich endlich eine Arbeit gefunden hatte. Ich rief meine Tante an und sagte ihr, dass ich Akademischer Rat an der Universität Osnabrück geworden war. Sie gratulierte mir. Ich gab mir einen Ruck und fragte sie nach dem Schachspiel.

„Jetzt sollst du es haben“, sagte sie.

Wieder in München, besuchte ich sie. Wir tranken Kaffee. Ich hatte das ungute Gefühl, ich selbst müsste die Sprache wieder auf das Schachspiel bringen und das könnte bei meiner Tante einen ungehörigen Eindruck hinterlassen. Aber sie kam von allein darauf zu sprechen, ging zum Schrank, holte eine große Kassette hervor und öffnete sie.

Ich traute meinen Augen nicht. Die Kassette war mit rotem Samt ausgeschlagen, und darin eingebettet lagen die glänzenden Figuren eines Schachspiels aus Elfenbein, chinesischen Motiven nachempfunden, sündhaft teuer, aber an Geschmacklosigkeit nicht zu überbieten. Ich war fassungslos.

„Das ist nicht Onkel Willis Schachspiel", stammelte ich.

„Seine Kollegen haben es ihm zum Jubiläum geschenkt", sagte Tante Agnes stolz.

„Aber das, mit dem wir immer gespielt haben ...?"

„Ach, das alte, das war doch schon ganz kaputt. Das habe ich weggeworfen."

Ich war entsetzt, aber ich schaffte es nicht, ihr die Wahrheit zu sagen. Sie war so stolz darauf, ihrem Lieblingsneffen ein kostbares Geschenk gemacht zu haben, dass ich sie nicht enttäuschen konnte. Also bedankte ich mich überschwänglich. Sie bat mich um Verständnis dafür, dass sie mich so viele Jahre hatte warten lassen.

Doch als armer Student wäre ich womöglich auf die Idee gekommen, das Spiel auf dem Trödelmarkt zu verhökern. Zu Hause verstaute ich die Kassette in der hintersten Ecke des Kleiderschrankes. Und dort blieb sie bis heute. Nicht ein einziges Mal habe ich mit den Figuren gespielt.

Nur manchmal, wenn Freunde zu Besuch sind, hole ich sie hervor und erzähle diese Geschichte vom Wert der Dinge und dem Wert der Erinnerung. So erfüllt die Erbschaft meines Onkels doch noch ihren Zweck.

Franziska, die Witwe

Die strohblonde Franziska war Stammgast im Ax Bax, in dem auch ich Stammgast war. Sie arbeitete als Sekretärin in einem pharmazeutischen Konzern. Ihr geschah, wovon Sekretärinnen zumeist nur träumen: Werner, ihr Chef, verliebte sich in sie und sie verliebte sich in ihn.

Sie heirateten und kauften eine Villa im Grunewald. Sie gab ihren Beruf auf, kümmerte sich um das Haus und den Garten, während Werner auf der Karriereleiter weiter nach oben kletterte. Ihre Freundinnen beneideten sie, vor allem jene, die schlechte Erfahrungen mit ihren Männern gemacht hatten und geschieden waren. Manchmal stichelten sie, Werner sei bestimmt nicht anders, auch kein Kostverächter, auch einer, der nichts anbrennen ließe.

Franziska wehrte solche Verdächtigungen tapfer ab; insgeheim aber nagten die Zweifel. Sie hatte ja Augen im Kopf und sah, wie jüngere Frauen ihren Werner umschwärmten und wie gern er sich umschwärmen ließ. Aber immer schloss sie die Augen davor, hoffend, er würde sich die Hörner schon noch abstoßen. Sie arrangierte sich damit, dass die Überstunden immer häufiger und die Dienstreisen immer länger wurden.

Bis eines Tages ein Mann vor der Tür stand und zu ihr sagte: „Ich bin der Mann von der Frau, mit der Ihr Mann Sie betrügt."

Die Katastrophe war da. Franziska geriet in Panik. Seit Jahren hatte sie mit Werner keinen Sex mehr, sie war wie man das damals nannte, ihren ehelichen Verpflichtungen nicht nachgekommen, und bei einer Scheidung wäre sie die Schuldige gewesen.

Sie hätte alles verloren, das Haus, den Garten, den Mercedes, den ganzen Wohlstand. Sie ging auf die Vierzig zu. Welche Firma wollte eine so alte Sekretärin einstellen, wo die jungen Dinger nach derartigen Jobs Schlange standen?

Doch Werner wollte keine Scheidung. Er schlug vor, sie sollten weiter leben wie bisher, er würde sich von seiner Geliebten das holen, was er von Franziska nicht bekam, und so könnte eigentlich alles beim Alten bleiben, nur dass sie sich nichts mehr vormachen müssten, was das Leben sogar leichter machen würde. Franziska stimmte zu.

Die Hoffnung, dieses Arrangement geheim halten zu können, war natürlich trügerisch. Es dauerte nicht lange, dann wurde Werner mit seiner Geliebten händchenhaltend auf dem Kurfürstendamm gesehen, und alles kam ans Licht. Schlagartig war Franziska keine normale Ehefrau mehr, sondern eine betrogene. Ihr Leben hatte keine Ordnung mehr. Die Freundinnen triumphierten, sie hatten ja alles längst gewusst. Warum auch sollte ausgerechnet Werner eine Ausnahme sein? So sind die Männer nun mal. Und dann gestand ihr die beste Freundin, dass auch sie schon mal was mit Werner hatte.

Franziska zog sich zurück. Sie fing an zu trinken. Ihr Rücken wurde krumm. Jetzt tauchte sie wieder im Ax Bax auf. Schleppenden Schrittes schlurfte sie herein, kaum wiederzuerkennen. Sie setzte sich neben mich an den Tresen und schüttete ihr Herz aus. Von nun an kam sie wieder öfter in die Kneipe und jammerte und trank, bis ihre Stimme undeutlich wurde und sie in eine Taxe torkelte, die sie nach Hause brachte. Doch obwohl sich für sie seit der Hochzeit alles geändert hatte, sagte sie immer noch „mein Werner“. Darin blieb sie sich treu.

Dann geschah etwas, das ihr Leben erneut auf den Kopf stellte.

Werner, ein leidenschaftlicher Bergsteiger, kletterte an einem Wochenende in den Zillertaler Alpen, stürzte in eine Gletscherspalte und erfror.

Schlagartig war Franziska keine verlassene Ehefrau mehr, jetzt war sie Witwe, und ihr Leben hatte wieder Ordnung. Ihr Körper straffte sich. Mit einer neuen Frisur und erhobenen Hauptes betrat sie das Ax Bax.

Alle kamen zu Werners Beisetzung, die genauso pompös war wie die Hochzeit. Von nun an ging Franziska sonntags auf den Friedhof, goss die Pflanzen auf dem Grab und zupfte das Unkraut. „Mein Werner" war zu ihr zurückgekehrt, und niemand würde ihn ihr jemals wieder wegnehmen. Immer seltener kam sie in unser Stammlokal. Sie wandte sich wieder ihren Freundinnen zu, mit denen sie Canasta spielte und ins Kino ging. Als ich sie zum letzten Mal sah, führte sie einen Hund an der Leine, einen verfetteten, neurotischen Mops. Wenn man ihn streicheln wollte, rannte er unter lautem Gekläffe davon. Franziska und der Mops kamen gut miteinander aus. Sie streichelte ihn nicht, und er rannte nicht weg.

Die Erfindung der Cardanischen Aufhängung

Wir nannten ihn Genie-Peter. Wenn er sich im Wirtshaus Wuppke zu uns an den Tresen setzte, dann dauerte es nicht lange, bis er davon sprach, dass er dabei sei, eine große Erfindung zu machen, so groß, dass sie alles bisher Dagewesene in den Schatten stellen würde. Das erzählte er drei, vier Tage lang, dann versank er in trübsinniges Schweigen. Ich wusste schon, wie der Abend enden würde: Irgendwann würden wir die Kneipe verlassen und ein Stück des Weges gemeinsam nach Hause gehen. Nach ein paar Schritten würde er mir unter vier Augen anvertrauen, dass auch diesmal aus seiner Erfindung nichts werden würde. Zuletzt hatte er eine aufblasbare Badewanne erfunden, für die er partout keinen Hersteller fand.

Aber von solchen Niederlagen ließ sich Genie-Peter nicht unterkriegen. Schon nach einer halben Woche tauchte er wieder auf, setzte sich zu uns an den Tresen und erzählte, dass er dabei sei, eine große Erfindung zu machen. So ging es Jahr um Jahr, bis er mich eines Tages in seinen Trödelladen bat, wo sich in einem Nebenraum seine Werkstatt befand.

Dort zeigte er mir, was er erfunden hatte: Es war ein metallener Apparat, bestehend aus einem Ring, in dem zwei weitere Ringe ineinander drehbar gelagert waren, ihre Achsen jeweils um 90 Grad gegeneinander versetzt. Im innersten Ring war eine Scheibe befestigt.

Genie-Peter drehte den äußeren Ring nach allen Seiten, rechtsherum, linksherum, vorwärts, rückwärts, aber wie er ihn auch bewegte, die Scheibe in der Mitte blieb in waagerechter Lage. Ich traute meinen Augen nicht. Vor mir sah ich die cardanische Aufhängung, jene Apparatur, in der auf Schiffen der Kompass gelagert ist, so dass er stets ruhig in der Waagerechten bleibt. So kann er die Richtung weisen, wie sehr das Schiff in stürmischer See auch schwankt.

Benannt war dieser Balance-Kreisel nach seinem Erfinder Geronimo Cardano, dem letzten großen Universalgelehrten der Renaissance. Genie-Peter hatte Cardanos Erfindung nach fünfhundert Jahren noch einmal erfunden!

Was sollte ich tun? Im Wirtshaus Wuppke sprach ich am Tresen mit den anderen Gästen. Sollten wir ihm die Wahrheit verschweigen? Das wäre mildtätig gewesen aber zwecklos, denn irgendwer würde sie ihm irgendwann doch stecken. Und wir würden dann dastehen wie Leute, die ihn völlig empathielos dem Gelächter bösartiger Menschen preisgegeben hätten.

Also brachte ich ihm am nächsten Abend die Wahrheit bei, so schonend wie möglich.

Als er begriffen hatte, dass seine Erfindung längst erfunden war, wurde er aschfahl im Gesicht, sodass ich fürchtete, er würde vom Barhocker kippen. Aber nach dem zweiten Wodka kam wieder Farbe in sein Gesicht, und schließlich lächelte er sogar.

„Wie hieß der Mann?“, fragte er.

„Geronimo Cardano“, sagte ich.

„Hut ab! Er war so genial wie ich.“ Damit war die Sache für ihn erledigt.

Niemals wieder sprach er von irgendwelchen Erfindungen, mit denen er sich gerade beschäftigte.

Natürlich kam uns der Verdacht, Genie-Peter hätte uns ausgetrickst und in einem alten Lexikon oder antiquarischen Fachbuch für Ingenieurwissenschaften die schematische Abbildung der Aufhängung gefunden und nachgebaut. Dann wäre die Erfindung nicht kongenial gewesen, sondern ein Plagiat. Aber wir wollten nicht, dass die Geschichte solch ein triviales Ende nahm. Also verwarfen wir unseren Verdacht. Von nun an konnten wir die Geschichte dieser Renaissance immer wieder aufs Neue erzählen. Mit immer neuen Ausschmückungen – die Geschichte vom Genie-Peter, den das Schicksal dazu verdammt hatte, auf immer und ewig der Zweite zu sein.

Kartoffelsuppe mit Horowitz

Die Eckkneipe Zur Alten Laterne befand sich in einer Querstraße vom Kurfürstendamm. Abseits der aufgeregten Geschäftigkeit des Boulevards konnte man hier in Ruhe deutsche Gerichte essen. Es gab gutes Bier und finnischen Wodka. Die vom Zigarettenrauch dunkelbraun verfärbte Täfelung der Wände, die verblichenen Vorhänge und der durchgewetzte Fußbodenbelag machten den Eindruck, als sei das Lokal aus der Zeit gefallen. Ich ging gern dort hin, allein schon wegen der Kartoffelsuppe, nicht wie üblich mit Würstchen, sondern mit Kassler und Croûtons, von Susi, der Tochter der verstorbenen Wirtin, nach einem Rezept ihrer Mutter zubereitet.

Als ich eines Tages mal wieder in der Laterne war, öffnete sich die Tür, ein Mann kam herein und obwohl viele Tische frei waren, ging er schnurstracks in die Ecke, in der ich saß und nahm am Tisch direkt neben mir Platz. Ich hielt ihn für einen Touristen, der sich bei seinem Ku'dammbummel verirrt hatte, und es stand zu befürchten, dass er mir jetzt gleich die Ohren vollsabbeln würde, wie toll Berlin sei. Um das zu vermeiden, ruckelte ich meinen Stuhl ein wenig zur Seite und blickte angestrengt aus dem Fenster, um jedweden Blickkontakt zu vermeiden, den der Mann womöglich als Einladung zu einem Gespräch hätte missverstehen können. Aus den Augenwinkeln aber sah ich, wie er in der Speisekarte blätterte, sie beiseitelegte, den Hals reckte und angestrengt auf meinen Teller starrte. Und schon erhob er sich von seinem Platz, kam an meinen Tisch und fragte: „What are you eating?" Jetzt blieb mir nichts anderes übrig, als den Mann anzusehen – und ich erstarrte. Niemand anderer als Vladimir Horowitz stand vor mir. Der berühmte Pianist, der einmalige

Klaviervirtuose, das Jahrhundertgenie stand vor mir und wollte wissen, was ich esse.

„Soup“, stammelte ich vor Schreck. „Potatoes.“ Und weil mir nicht einfiel, was „Kassler“ auf Englisch heißt, fügte ich hinzu: „With meat.“

„Does it taste good?“

„Yes – very fine.“

Horowitz nickte, ging an seinen Tisch zurück und setzte sich. Ich schaute mich um. Die übrigen Stammgäste vor ihren Schnitzeln und Rouladen hatten ihn nicht erkannt und nahmen keine Notiz von ihm. Als Susi sich umsah und zu ihm kam, sagte er: „That please“, und deutete auf meinen Teller. Sie nickte und ging in die Küche. Ich tat so, als säße da ein x-Beliebiger, aß weiter und vermied es, zu Horowitz hinüberzuschauen. Gut vorstellbar, dass er es satthatte, in einem der Restaurants auf dem Kurfürstendamm zu sitzen, von Passanten angestarrt zu werden, die sich nach ihm umdrehten, auf ihn zeigten und tuschelten, sodass er hierher ins Abseits geflüchtet war.

Als Susi ihm schließlich die Terrine mit Suppe brachte, war ich gerade mit dem Essen fertig. Ich zahlte und stand vom Tisch auf. Jetzt, im Vorbeigehen, konnte ich es doch nicht lassen, ihn anzuschauen. Horowitz lächelte und bedeutete mir mit einer knappen Geste, dass es ihm schmeckte.

Ich nickte schüchtern, verließ das Lokal und schnappte nach Luft. Die Sensation, die ich soeben erlebte hatte, raubte mir auch noch draußen auf der Straße den Atem. Anderntags traf ich im Cour Carrée einen Bekannten, dem ich aufgeregt von meinem Erlebnis berichtete. Doch er war Physiker, und Zufälle hatten in seinem Denken keinen Platz.

Unerbittlich sezierte er meine Geschichte auf der Suche nach dem Wahrscheinlichkeitsgrad: Warum sollte ausgerechnet Vladimir Horowitz in einer abgeranzten Berliner Eckkneipe auftauchen, in der just zu dieser Zeit ausgerechnet ich eine Kartoffelsuppe aß? Warum sollte er ausgerechnet mich ansprechen? Und dann isst er auch noch Kartoffelsuppe. Er! Vladimir Horowitz! Kartoffelsuppe! Ich müsste doch wohl zugeben, dass alles, was ich da erzählte, höchst unwahrscheinlich sei.

Statt Hirngespinsten nachzujagen sollte ich mich mit dem Offensichtlichen zufriedengeben: Es war gar nicht Horowitz, es war irgendein Tourist, der ihm ähnlichsah, verblüffend ähnlich, ein Doppelgänger sozusagen. Mir war klar, so ein Physiker würde nichts anderes gelten lassen. Das Gespräch wäre in Rechthaberei ausgeartet, wozu ich keine Lust hatte.

Um des lieben Friedens willen gab ich klein bei. Der Physiker war damit zufrieden, ich war froh, das Gespräch nicht fortsetzen zu müssen, und so wechselten wir das Thema.

In Wirklichkeit aber sträubte sich alles in mir gegen seine Deutung. Was konnte ich tun? Es gab nur einen Weg: Ich musste meine Erzählung aufplustern, musste sie ausschmücken, mit Versatzstücken versehen, die die ganze Sache glaubwürdig machten. Zunächst verlegte ich den Ort des Ereignisses von der Alten Laterne in die Paris Bar, damals ein beliebter Treffpunkt der Schickeria. Wer prominent war oder sich dafür hielt, musste sich dort sehen lassen. Von Version zu Version, die ich mir ausdachte, schmückte ich meine Erzählung mit immer kräftigeren Farben aus. In der ersten Version setzte sich Horowitz nicht an den Nebentisch, sondern nahm sofort an meinem Platz. Wir kamen ins Gespräch, aßen beide Bouillabaisse und tranken Chablis.

In der nächsten Version gesellten sich nach und nach Stammgäste des Lokals zu uns. Den Anfang machte Otto Schily, dann kam Götz George, dann Otto Sander. Von Mal zu Mal wurde die Gesellschaft größer, schließlich saßen auch Heiner Müller, Iris Berben und Bernd Eichinger um Horowitz herum, der sich in meiner letzten Version um Mitternacht ans Klavier setzte und aus Jux *Für Elise* spielte.

Wem auch immer ich in den folgenden Tagen meine Geschichte erzählte, sie wurde mir umstandslos geglaubt. Allerdings hatte sie Sache einen Haken: Niemand empfand sie als sensationell. Warum sollte Vladimir Horowitz nicht in die Paris Bar kommen, wenn er in der Philharmonie ein Konzert gab, wo doch auch Jack Nicholson und Robert de Niro während der Berlinale hier verkehrten? Nichts war daran aufregend, alles ganz normal. So hörte ich auf, die Geschichte zu erzählen. Die These vom Doppelgänger war wohl doch richtig.

Inge auf der Treppe zur Vergangenheit

Ende der 1980er Jahre schrieben Volker Ludwig und ich das Stück *Ab heute heißt du Sara* nach der Autobiographie *Ich trug den gelben Stern* von Inge Deutschkron. Während der Nazizeit hatte sie in Berlin versteckt gelebt und überlebt. Als wir sie vom Flughafen abholten, kam uns eine kleine, zierliche aber überaus energische 67jährige Frau mit knallroten Haaren entgegen. Es war Inges erstes Wiedersehen mit ihrer Heimatstadt seit Ende des Krieges, nach fast einem halben Jahrhundert.

Zu Beginn der Deportationen war Inge untergetaucht und hatte in wechselnden Verstecken gelebt, stets angewiesen auf die Hilfe von Freunden und Bekannten. Eine wichtige Rolle hatte dabei der

Kleinunternehmer Otto Weidt gespielt, ein Pazifist, der aus der anarchistischen Jugendbewegung kam. Nun war ihr größter Wunsch, herauszufinden, was aus der Weidt'schen Blindenwerkstatt geworden war, die in ihrem Leben eine so zentrale Rolle gespielt hatte.

In der Rosenthaler Straße am Hackeschen Markt hatte er eine Manufaktur zur Herstellung von Besen und Bürsten, in der vornehmlich blinde Juden angestellt waren. Der Betrieb war als kriegswichtig eingestuft, sodass er für die Mitarbeiter eine gewisse Zeit lang Schutz vor der Deportation bot. Weidt versorgte auch Inge mit Lebensmitteln und stattete sie mit gefälschten Papieren aus. Ohne seine Unterstützung hätte sie kaum überleben können.

Wir begaben uns auf Spurensuche. Noch gab es die DDR, noch stand die Mauer. Also machten wir uns auf den Weg über den Kontrollpunkt Bahnhof Friedrichstraße nach Ostberlin, liefen an der Spree entlang zum Hackeschen Markt und standen schließlich vor dem Gebäude, in dem Otto Weidts Betrieb einst untergebracht war.

Fassungslos starrte Inge auf das Haus. Es befand sich in einem erbarmungswürdigen Zustand. Nichts erinnerte mehr an die architektonische Pracht der Gründerzeit.

Der Stuck war von der Fassade gebrochen, und wo einst Fenster waren, gab es nur noch schwarze Löcher. Wir gingen in den Innenhof. Schuttberge ragten auf, überwuchert von Huflattich und mannshohen Birken.

Inge öffnete eine Tür, von der eine Treppe hinauf in die oberen Etagen führte. Vorsichtig bahnten wir uns einen Weg zwischen Gerümpel und Sperrmüll, hielten uns an dem wackeligen Geländer fest, bis wir im ersten Obergeschoss waren. Hier hatte sich die Blindenwerkstatt befunden.

Die Eingangstür gab es nicht mehr, wir traten ein. Inge blieb stehen, schaute sich um, und es war, als prasselte mit einem Male die zentnerschwere Erinnerung auf sie nieder. Sie stützte sich an der Wand ab, um nicht umzufallen, hatte aber bald die Kontrolle über sich zurück. Wir inspizierten die übrigen die Räume, und Inge führte mich durch ihre Vergangenheit: Hier war Otto Weidts Büro, dort stand sein Schreibtisch, da der Schrank, in dem er den französischen Cognac hortete, mit dem er sich kleine Gefälligkeiten erkaufte. Hier das Vorzimmer, in dem Inge arbeitete, da der langgestreckte Werkraum, wo die Besen und Bürsten hergestellt wurden. Ganz am Ende des Raumes öffnete Inge eine Tür, von der aus eine schmale Treppe hinunter zum Innenhof führte.

„Mein Versteck". sagte sie. Wenn unangemeldeter Besuch kam, Leute von der Gestapo oder vom Arbeitsamt für Juden, und Inges Identität hätte auffliegen können, rannte sie durch die Werkstatt, verschwand auf der Hintertreppe und harrte dort aus, bis die Luft wieder rein war. Während sie mir das erzählte, spielte sie es mir vor: Sie lief so schnell sie konnte durch die Werkstatt zu der Treppe und die Stufen hinab. Ich blieb auf dem Absatz stehen und schaute ihr nach. Plötzlich blieb sie wie angewurzelt stehen und blickte erschrocken auf die nächste Stufe.

„Die knarrt", sagte sie leise. Auf diese Stufe durfte sie nicht treten, denn das Geräusch hätte sie jederzeit verraten können, und das hätte Deportation und sicheren Tod bedeutet. Diese Stufe war im wahrsten Sinne des Wortes lebensgefährlich. Langsam streckte Inge den Fuß aus. Vorsichtig trat sie auf die Stufe.

Ja, sie war es! Genau diese Stufe. Beim ersten Knarren zog sie ihren Fuß sofort wieder zurück, drehte sich um und stieg langsam die Treppe wieder hoch.

„Sie knarrt genauso wie damals."

Wir gingen zurück in die Werkstatt. Doch unvermittelt blieb sie stehen, machte kehrt und ging mit energischen Schritten zur Treppe zurück. Sie stieg hinab und trat gezielt auf jene Stufe, die ihr das Leben hätte kosten können. Die Stufe knarrte, aber jetzt ging Inge weiter als wäre nichts geschehen, machte kehrt, trat wieder auf die Stufe, ignorierte das Knarren, machte kehrt, trat noch einmal auf die Stufe und dann noch einmal und noch einmal. Die Stufe knarrte und knarrte.

Aber es war jetzt nur noch eine x-beliebige Treppenstufe, die so knarrte, wie alte Treppenstufen nun mal knarren. Diesmal, als Inge wieder oben war, strahlte sie mich an, und Triumph stand in ihren Augen.

Untergang im Speisewagen

Im Sommer 1989 flüchteten immer mehr Menschen aus der DDR in die Tschechoslowakei und stürmten die Botschaft der Bundesrepublik in Prag. Anfangs waren es Hunderte, bald Tausende, die auf dem Botschaftsgelände campierten und hofften, von hier aus in den Westen ausreisen zu können. Die Bilder, wie die Leute mit Koffern und Kinderwagen die Zäune der Botschaft erklommen, gingen um die Welt.

Zur selben Zeit fuhr ich im Interzonenzug von Westberlin nach Osnabrück. Ich saß im Speisewagen, als ein Grenzer hereinkam, ein Hüne von einem Mann, der mit dröhnender Stimme in den Raum rief: „Passkontrolle! Die Reisedokumente!" Sofort erstarben die Gespräche der Fahrgäste. Mit den Grenzern war nicht gut Kirschen essen. Ein falsches Wort, und sie fingen an, die Passagiere zu kujonieren. Sie kontrollierten jeden Koffer, jede Tasche, lasen den Reisepass drei-, viermal von vorne bis hinten und wieder zurück, blätterten in Büchern und Zeitschriften, kurz, sie demonstrierten unumschränkte Herrschaft, und in ihrer Anwesenheit mutierten auch die großmäuligsten Westler zu devoten Zeitgenossen.

Der Hüne ging von Tisch zu Tisch und stempelte die Visa in die Pässe der Reisenden. Dann kam er zur Küche. Eilfertig öffnete ihm der Koch, ein spilleriges Kerlchen mit einer schmuddeligen Schürze, die Tür. Der Hüne trat ein. Der Spillerige ging zum Kleiderspind und öffnete ihn. Der Hüne warf einen prüfenden Blick hinein, ob sich dort womöglich ein Republikflüchtling versteckt hielt. Aber es hing da nur die Jacke des Kochs. Der hob mit einer Geste des Bedauerns die Schultern.

„Sind alle in der Botschaft", sagte er laut. Da brach ein schallendes Gelächter unter den Reisenden aus.

Für einen Moment standen die beiden einander gegenüber – David und Goliath. Standen einander gegenüber und sagten kein Wort. Goliaths Gesicht lief krebsrot an, dann drehte er sich um und machte, dass er fortkam. Das Lachen verfolgte ihn, bis er den Speisewagen verlassen hatte.

Nur David lachte nicht, er tat so, als ginge ihn das alles nichts an und wedelte mit dem Geschirrtuch Krümel von einem der Tische. Doch allen war schlagartig klargeworden: Hier im Speisewagen war soeben die DDR untergegangen.

Zwei Geographien

Es war in den 1980er Jahren, als ich Wolfgang Kil kennenlernte. Er lebte in Ostberlin, hatte Architektur studiert und schlug sich als freier Publizist durchs Leben. Schnell wurden wir Freunde, trafen uns mit Gleichgesinnten, saßen in seiner Küche, tranken Bier und Goldbrand und diskutierten über den Sozialismus mit menschlichem Antlitz, den großen Gegenentwurf zum Stalinismus, der uns trotz der Niederschlagung des Prager Frühlings nicht losließ. Jedes Mal musste ich die Runde überstürzt verlassen, um gerade noch rechtzeitig vor Mitternacht wieder in Westberlin zu sein.

Wolfgang hatte sich in der Umgebung von Berlin eine Datscha gekauft. Als er sie instandgesetzt und bewohnbar gemacht hatte, lud er mich zu einem Besuch ein. Ich fuhr nach Ostberlin. Er holte mich am Grenzübergang ab und wir fuhren mit seinem Trabi ins Umland. Bald kamen wir bei seinem Häuschen an. Es lag einsam inmitten von Feldern. Ein herrlicher Ort, wenn man der Großstadt entfliehen wollte. Er kochte einen Kaffee, während ich mir die Datscha anschaute. Dann machten wir einen Spaziergang, liefen über die Felder und kamen an einen Fluss. Wolfgang blieb stehen sagte zu mir: „Das ist die Oder. Drüben, auf der anderen Seite ist Polen." Ungläubig starrte ich auf den Fluss und das gegenüberliegende Ufer. Wovon redet er da? Das da drüben soll Polen sein? Will er mich auf den Arm nehmen? Gerade mal eine gute Stunde sind wir von Berlin aus unterwegs gewesen.

Der Schock steckte mir noch in den Gliedern, als ich wieder zu Hause war. Ich kramte meinen alten Schulatlas hervor, in dem Deutschland in den Grenzen von 1937 eingezeichnet war und die DDR nicht vorkam, auch nicht als „Sowjetische Besatzungszone". Die Städte und Flüsse aber waren da, wo sie schon immer waren. Ich folgte mit dem Finger dem Lauf der Oder bis dahin, wo wir gestanden hatten. Wolfgang hatte die Wahrheit gesagt. Ich war an der Grenze zu Polen gewesen. Ich rief ihn an und gestand ihm, dass es offenbar zwei Geographien gab, eine in meinem Kopf und eine in der Realität. Wolfgang lachte nur. Ich war nicht der erste Westler, dem er mit diesem Ausflug den Kopf zurechtgerückt hatte.

Dubčeks Rache

Ich weiß nicht mehr, wohin wir wollten. Brigitte vom Neuen Forum und ich aus dem Westen. Wahrscheinlich waren wir auf dem Weg zu irgendeiner politischen Diskussion, denn es war die Zeit der „Runden Tische“. Wir standen zusammen an der Haltestelle auf der Greifswalder Straße und warteten auf die Straßenbahn. Brigitte erzählte mir, dass die Bahnen, die durch Ostberlin fuhren, in der Tschechoslowakei hergestellt wurden und sich dadurch auszeichneten, dass sie beim Bremsen und in der Kurve ein entsetzlich kreischendes Geräusch verursachten, weshalb sie von den Ostberlinern „Dubčeks Rache“ genannt wurden. Wir warteten, aber Dubčeks Rache kam nicht.

Ungeduldig ging Brigitte zu dem Wartehäuschen, in dem der Fahrplan hing, studierte ihn und winkte mich mit einer energischen Geste zu sich.

„Siehst du das?“ fragte sie und deutete mit ausgestrecktem Zeigefinger auf den Plan. Ich verstand nicht, was sie meinte.

„Guck hin!“, rief sie. Ich guckte den Fahrplan an, bemerkte aber nichts, was ihre Aufmerksamkeit hätte erregen können.

„Es gibt zwei Tarife.“ Das wusste ich natürlich. Wegen der unterschiedlichen Lebenshaltungskosten im Ost- und im Westteil der Stadt hatte man sie eingeführt, damit der Ostler weniger für die Fahrt mit den öffentlichen Verkehrsmitteln bezahlen musste als der Westler. Aber was war daran so besonders?

„Wie heißen die Tarife?“, fragte mich Brigitte mit einem Lauern in der Stimme, wie es typisch ist für Lehrerinnen, wenn sie einen Schüler fertig machen wollen. Gehorsam schaute ich noch einmal auf den Fahrplan.

„Tarif A und Tarif B“, sagte ich.

„Richtig!“, rief meine Lehrerin. „Und was fällt uns auf?“ Mir fiel nichts auf.

„Na?“ Mir fiel noch immer nichts auf und ich zuckte verwirrt mit den Schultern.

„Es hätte auch West und Ost heißen können“, dozierte sie. „Aber nein, A und B haben sie die Tarife genannt. Und wer ist A und wer ist B? Na, wer wohl? Ihr seid natürlich A und wir sind mal wieder B. Ihr seid die Ersten, wir die Zweiten. Ihr habt gewonnen, wir haben verloren. Wie immer.“

Sie hatte sich in Rage geredet, stampfte mit dem Fuß auf und schaute mich mit blitzenden Augen an. Zaghaft versuchte ich einen Einwand: „Ist das nicht ein bisschen übertrieben?“ Im selben Moment, da die Wörter vorwitzig aus meinem Mund schlüpften, hätte ich sie am liebsten wieder verschluckt. Zu spät. Gesagt war gesagt, und Brigitte lachte bitter auf. Allein die Tatsache, dass mir nichts Besseres einfiele als ihr Übertreibung vorzuwerfen, sei Beweis genug, dass ich wie alle Westler sei, keinen Deut besser. Arrogant und unsensibel. Diese Gemeinheit wollte ich natürlich nicht auf mir sitzen lassen. Gerade holte ich tief Luft für eine längere Replik, da kreischte Dubčeks Rache herbei. Wir stiegen ein, und mit dem Ortswechsel von der Haltestelle in die Bahn ließen wir unseren Streit auf der Straße zurück. Und natürlich fuhren wir schwarz. Darin waren wir uns einig.

Fefelinge

Bald nach dem Mauerfall eröffneten Vietnamesen im Prenzlauer Berg kleine Lebensmittelläden. Die Leute beäugten die „Fidschis", wie man sie nannte, mit Argwohn. Aber die kleinen Kinder der Ladenbesitzer waren so niedlich, dass niemand ihrem Charme widerstehen konnte, wenn sie zwischen den Regalen herumkrabbelten oder Verstecken spielten. Die Sympathie, die man ihnen entgegenbrachte, übertrug sich bald auf die Erwachsenen. Außerdem gab es in ihren Läden Obst und Gemüse von hervorragender Qualität. Das baute Brücken.

Eines Tages wurde ich in einem dieser Läden Zeuge einer seltsamen Auseinandersetzung. Eine hagere alte Frau stand vor dem Vietnamesen, der mindestens einen Kopf kleiner war als sie. Die Alte beugte sich zu ihm herab und stieß Laute aus, als wollte sie ihn bespucken: „Pf! Pf! Pf!", machte sie.

Ich vermutete eine ausländerfeindliche Attacke und wollte schon dazwischen gehen, aber der Vietnamese hielt mich zurück.

Jetzt wurde mir klar, dass hier ein orthografisches Problem verhandelt wurde. Der Ladenbesitzer hatte Pfifferlinge im Angebot und ein Schild an den Korb gestellt, auf das er „Fefelinge" geschrieben hatte. Die Alte wollte ihn belehren, dass das falsch war.

„Pf! – Pf! P – F! Pfefferlinge! Wie der Pfeffer." Das sagte sie mit solch einer Inbrunst, dass ich nicht den Einwand wagte, Pfifferlinge würden laut Duden mit i geschrieben, nicht mit e, auch wenn der Name vom pfeffrigen Aroma des Pilzes herrührt.

Ich hätte als Neunmalkluger dagestanden, und das wollte ich natürlich nicht. Also schwieg ich, während der Vietnamese klein beigab und „Pfefferlinge" an die Pfifferlinge schrieb. Die Alte war's zufrieden. Von nun an gab es Pfefferlinge, bis die Erntezeit vorbei war. Im Jahr darauf gab es dann Pfifferlinge.

Die Autos der Staatsmänner

In den 1950er Jahren ging in der Bundesrepublik die Totalitarismus-Theorie um. Sie wurde im Feuilleton der Zeitungen beschworen, von den Kanzeln herab gepredigt und in den Schulklassen gepaukt. Im Kern besagte sie nichts weiter, als dass Nationalsozialismus und Kommunismus das Gleiche seien, Hitler und Stalin zwei Seiten derselben Medaille. Für die Restauration Westdeutschlands hatte das eine unersetzliche Funktion: Wer ein strammer Nazi war, konnte sich als Wendehals zu einem strammen Antikommunisten mausern – stramm blieb stramm –, und schon standen ihm die Türen offen zu einer zweiten Karriere.

Im Zuge der Entspannungspolitik verschwand die Theorie, weil ihr das Feindbild abhandenkam. Aber mit der Wende 1989 kehrte sie wieder zurück. Für geübte Wendehälse war sie natürlich ein gefundenes Fressen. Hatten sie eben noch „Die Partei, die Partei, die hat immer recht" geschmettert, skandierten sie jetzt voller Inbrunst: „Helmut Kohl, nimm uns an die Hand und führe uns ins Wirtschaftswunderland."

Allerdings gab es auch jetzt Leute, die sich kein X für ein U vormachen ließen. Einen von ihnen lernte ich eines Tages kennen, als er mich in seiner Taxe zum BasisDruck Verlag bringen sollte. Der Mann hatte sich einen ganz speziellen Reim auf die Sache gemacht, einen berufsbedingten sozusagen.

„Hitler fuhr in einem offenen Mercedes-Benz durch die Straßen", sagte er. „Stand im Fond und grüßte mit ausgestrecktem Arm die Menschen, die ihm vom Straßenrand zujubelten. Und Honecker? Kauerte in einem schusssicheren Volvo hinter abgedunkelten Scheiben. Der eine wurde vom Volk geliebt, der andere hatte Angst vor ihm. Wenn das kein Unterschied ist."

Am Ziel angekommen, als ich bezahlt hatte und ausgestiegen war, rief er mir nach: „Jetzt müsste man nur noch wissen, in was für einem Auto Helmut Kohl fährt."

„Tut mir leid", erwiderte ich. „Von Autos habe ich keine Ahnung."

„Sollten Sie aber", rief er. „Autos sagen viel über die, die sie fahren. Mehr als ihnen lieb ist."

Von der Arbeiterklasse zur Einschaltquote

Anfang der 1990er Jahre organisierte der Verband der Drehbuchautoren Gesprächsrunden, zu denen er auch Kollegen aus der untergegangenen DDR einlud. Bei einer dieser Gelegenheiten lernte ich Leopold kennen. Er fiel mir auf, weil er während der ganzen Veranstaltung kein einziges Wort sagte und hinterher beim gemütlichen Beisammensein abseits der anderen am Tresen hockte und ein Bier nach dem anderen schluckte. Ich setzte mich zu ihm und versuchte, ein Gespräch mit ihm zu beginnen, was sich am Anfang als mühsam erwies. Alles, was ich von ihm wissen wollte, musste ich ihm aus der Nase ziehen. Nach und nach konnte ich ihm aber doch einiges entlocken, sodass ich mir langsam ein Bild von ihm machen konnte. Zwanzig Jahre lang hatte er beim Fernsehen der DDR ein Exposé nach dem anderen eingereicht. Aber der Dramaturg, dessen Aufgabe es war, die politische Korrektheit der Produktionen zu gewährleisten, hatte eines nach dem anderen abgelehnt, immer mit derselben Begründung: Seine Geschichten würden die führende Rolle der Arbeiterklasse vernachlässigen. So blieb ihm nichts anderes übrig, als mit dem vorliebzunehmen, was der Dramaturg ihm als Ersatz anbot: Lustige Beiträge für die Unterhaltungssendungen.

Darin entwickelte er mit der Zeit eine gewisse handwerkliche Fertigkeit, sodass er bald nur noch mit solchen Aufträgen versorgt wurde. Jetzt, nach der Wende hoffte er natürlich, mit den Geschichten reüssieren zu können, die er schon immer schreiben wollte. Aber wie sollte er das anstellen? Er kannte die westliche Filmbranche nicht und fühlte sich wie ein Blinder, der in einer ihm völlig fremden Welt orientierungslos herumtapste.

Ich wollte ihm helfen und telefonierte die Produzenten ab, die ich kannte. Endlich wurde ich fündig. Ein Produzent aus Hamburg war nicht abgeneigt, Leopold kennenzulernen. Ich vermittelte den Kontakt, Leopold schickte ihm zwei Exposés, die ihm besonders ans Herz gewachsen waren. Der Produzent war offenbar von ihnen angetan und lud ihn zu einem Gespräch ein.

Gleich nach der Rückkehr berichtete er mir, wie es ihm ergangen war. Der Produzent hatte ihn freundlich empfangen und nach einem kurzen Gespräch zum Büro eines seiner Dramaturgen geleitet.

„Sie werden sich bestimmt gut verstehen", hatte er gesagt. „Der Mann kommt auch aus dem Osten."

Als Leopold das Büro betrat, traute er seinen Augen nicht. Vor ihm am Schreibtisch saß kein anderer als jener Dramaturg, der ihn sein ganzes Leben lang drangsaliert, der alle seine Exposés abgelehnt, der ihn in die Verzweiflung und an den Rand des Selbstmordes getrieben hatte. Jetzt saß er hier im Büro dieser großen Hamburger Produktionsfirma und begutachtete Exposés, Treatments und Drehbücher, schrieb Expertisen, beförderte wohlwollend die angebotenen Stoffe oder lehnte sie kompromisslos ab – kurz, er tat das gleiche, was er noch ein Jahr zuvor beim DDR-Fernsehen gemacht hatte: Er hob den Daumen oder senkte ihn. Leopold starrte ihn sprachlos an.

Der Dramaturg aber, der ihn sofort wiedererkannte, plauderte munter drauf los. Nein, der Wechsel von einem System zum anderen sei ihm nicht sonderlich schwergefallen: Im Sozialismus sei es immer um die führende Rolle der Arbeiterklasse gegangen, jetzt im Kapitalismus gehe es um die führende Rolle der Einschaltquote. Ganz einfach. Es sei ein Kinderspiel gewesen.

Da es Leopold die Sprache verschlagen hatte, war das Gespräch zwischen den beiden nicht von langer Dauer. Er überreichte dem Dramaturgen seine Exposés und wollte sich schon verabschieden, aber der Dramaturg hielt ihn auf: „Soll ich dir sagen, was mir nach der Wende wirklich schwerfiel? Woran ich mich erst gewöhnen musste? Dieses Umarmen und Küsschen links und Küsschen rechts zur Begrüßung und zum Abschied. Bei uns hat man sich noch anständig die Hand gegeben." Damit packte er Leopolds Hand und schüttelte sie kräftig und lange, als wolle er sie nicht mehr loslassen.

Auf die Absagen musste Leopold nicht lange warten. Der Dramaturg schrieb ihm, die Helden seiner Geschichten hätten – er möge ihm verzeihen, wenn er das ein wenig überspitzt ausdrücken würde – so etwas Muffiges an sich, Altbackenes, Spießiges, etwas Sozialistisches eben, mit dem der Zuschauer sich in der heutigen Zeit nun wirklich nicht mehr identifizieren könne. Einschaltquoten wären damit jedenfalls nicht zu erreichen.

Leopold hörte zu schreiben auf. Finanziell stand er nicht schlecht da, seine Frau war Zahnärztin, die beiden kauften sich bald ein Häuschen in Falkenhagen, und da er handwerklich begabt war, gab es viel zu tun für ihn. Er vermisste das Schreiben nicht. Eifrig bearbeitete er fortan den Garten hinter dem Haus, reparierte die Dachrinnen und strich die Fenster.

Irgendwann erfuhr ich von dem Hamburger Filmproduzenten, dass sein Ossi-Dramaturg als IM enttarnt worden war. Zehn Jahre lang hatte er für die Stasi gearbeitet. Natürlich habe er ihn sofort entlassen, allein schon wegen des guten Rufes seiner Firma.

Ich war mir sicher, Leopold würde die Nachricht von der Enttarnung des Dramaturgen mit großer Zufriedenheit aufnehmen, und rief ihn an. Aber zu meiner Überraschung äußerte er tiefes Bedauern.

„Schade“, sagte er. „Gerade geht mir eine ganz neue Geschichte durch den Kopf. Die hätte ihm bestimmt gefallen. Hätte mächtig Quote gebracht.“

Normal oder ungespritzt?

Das Ehepaar Schramm betrieb in der Hufelandstraße im Prenzlauer Berg einen Obst- und Gemüsehandel, den Herr Schramm schon zu DDR-Zeiten von seinem Vater geerbt hatte. Damals florierte das Geschäft, weil die Ware knapp war, nach der Wende florierte es, weil sie frisch war. Und auf die Frage: „Gibt's Zitronen?“, mussten die Schramms nicht mehr antworten: „Ham wa nich.“ Stattdessen fragten sie die Kunden: „Normal oder ungespritzt?“

Noch war „normal“ das Übliche und „ungespritzt“ das ungewohnt Neue. Aber das sollte sich ändern.

Die Alteigentümer, nun wieder die Herren des Viertels, wandelten alsbald preiswerte Miet- in teure Eigentumswohnungen um. Die Hipster zogen ein.

Aus dem Kindergarten wurde das italienische Restaurant Brot & Rosen, das rasch zum Insidertipp wurde, als Joschka Fischer an dem einen Tisch und Alfred Biolek an dem anderen ihr Gefolge um sich scharten. Aus den Bötzow Stuben, in denen ich mit Bekannten aus dem Neuen Forum Soljanka aß, wurde ein Bistro, vor dem junge Mütter mit ihren Kinderwagen nach dem Latte Macchiato anstanden.

Die neue Kundschaft brachten dem Laden der Schramms gute Umsätze. Manches rief bei ihnen allerdings Kopfschütteln hervor.

Zum Beispiel hatten sie als Kinder nach dem Krieg in den Ruinen säckeweise Rauke gesammelt, ein Unkraut, das an die Kaninchen verfüttert wurde und deshalb Karnickelfutter genannt wurde. Jetzt kehrte das Zeug wieder, importiert aus Italien, hieß Rucola und war der Renner.

Dann kamen die Bioläden, und die Schramms mussten lernen, dass man nicht normal oder ungespritzt fragte, sondern „bio oder konventionell?"

Das klinge positiver, hatte man ihnen bei der Handelskammer beigebracht, damit könnten sie der Konkurrenz, die man jetzt Mitbewerber zu nennen hatte, Paroli bieten.

Aber dann kam der alte neue Hausbesitzer und erhöhte die Miete um das Dreifache. Ein letztes Mal schüttelten Herr und Frau Schramm ihre Köpfe, dann machten sie den Laden dicht und setzten sich aufs Altenteil.

Herr Schramm geht jetzt seiner Lieblingsbeschäftigung nach. Er macht im Oderbruch Landschaftsaufnahmen mit der Plattenkamera seines Großvaters. Während Frau Schramm im Garten Gemüse anbaut – Kohlrabi, Gurken, Radieschen und Zwiebeln, was der märkische Boden und die Jahreszeiten eben hergeben – ungespritzt, versteht sich. Inzwischen nennt sie das „ganz normal". Und auch mit dem Rucola haben die beiden längst ihren Frieden gemacht. Er gedeiht prächtig.

Verbeult

Mit unserem Fiat 500 gab es irgendwann eine Karambolage. Eine Frau rammte ihren VW Golf in seine rechte Seite. Alles halb so schlimm, die Tür hatte eine Beule, sonst war nichts passiert. Wir einigten uns auf der Stelle. Die Frau gab uns zweihundert Mark und damit war die Sache erledigt. Mit dem Geld aber reparierten wir nicht den Blechschaden, sondern stotterten einen Teil unserer Schulden ab.

Fortan fuhren wir mit einem verbeulten Fiat herum. Auf mich machte unser Topolino einen völlig normalen Eindruck, aber als die wohlhabenden Wessis in den Prenzlauer Berg zogen, kam er mir zwischen all den BMW, Mercedes und Land Rover, die neuerdings hier parkten, mit seiner Beule ziemlich erbarmungswürdig vor.

Eines Tages stand ich zur Mittagszeit auf dem Balkon und rauchte eine Zigarette. Die Schule war vorbei. Die Schüler fuhren auf ihren Rädern oder trotteten zu Fuß nach Hause. Einer von ihnen, vielleicht zwölf Jahre alt, ging den Fußweg unter mir entlang, blieb plötzlich stehen und blickte auf unser Auto. Dann ging er ein paar Schritte zurück, nahm Anlauf, sprang auf das Auto zu und trat noch im Flug mit dem Fuß gegen die Autotür direkt in die Beule. Ich gebe zu, dass mich seine Geschicklichkeit beeindruckte, was mich aber natürlich nicht davon abhielt, zu ihm herunter zu brüllen: „Hast du 'ne Macke?“ Er schaute nach oben, erblickte mich auf dem Balkon, zeigte mir den Stinkefinger und ging provozierend lässig davon.

Ich ärgerte mich, besonders, weil der Bengel all die geschniegelten Karossen ringsum unbehelligt ließ und sich zielgerichtet unseren Verbeulten für seine Attacke aussuchte, ausgerechnet den Kleinsten und Schwächsten. Was hätte er wohl zu seiner Verteidigung gesagt, wenn ich ihn hätte zur Rede stellen können? Vermutlich: „Ist doch bloß Schrott“, und hätte gar nicht verstanden, dass man deswegen solch ein Aufhebens macht. Und dann stellte ich mir vor, wie es mit dem Bengel wohl weiterginge. Ob er als Halbwüchsiger Obdachlose mit Fäusten und Tritten traktieren würde. Obdachlose wohlgemerkt, nicht die Geschniegelten, nein, die Verbeulten.

Buletten und Steaks

Eines Tages schrieb mir ein Redakteur, mit dem ich freundschaftlich verbunden war, seit wir mehrere Filme für das Kleine Fernsehspiel des ZDF gemacht hatten, dass er nun bald in Pension gehen werde. Daher dürfe er keine neuen Projekte mehr annehmen. Es gebe für ihn aber schon einen Nachfolger, dem habe er mein Exposé, das ich ihm geschickt hatte, weitergereicht. Der junge Mann werde sich bestimmt bald melden.

So war es. Der Neue und ich verabredeten ein Kennenlernen bei Brot & Rosen.

Der junge Mann, der sich mir gegenüber an den Tisch setzte, war um die dreißig, hoch aufgeschossen, mit schickem Hemd. Aus seiner Laptoptasche zog er die acht Seiten hervor, auf denen ich den Plan für mein neues Drehbuch niedergeschrieben hatte, und legte sie neben sich auf den Tisch. Dann griffen wir zu den Speisekarten. Er entschied sich fürs Entrecôte, ich mich für die Dorade. Wir stießen mit einem Silvaner an.

Schon beim ersten Bissen, den wir zu uns nahmen, wurde er grundsätzlich: „Also, um es gleich vorweg zu sagen, wir wollen Buletten und keine Steaks." Ich brauchte einen Moment, dann hatte ich verstanden, was er mir sagen wollte: Unsereins geht ins Theater, während der Proll vor der Glotze hängt und sich die Filme reinzieht, die wir ihm zum Fraß vorwerfen. Für uns die Steaks, für ihn die Buletten.

„Wissen Sie", gab ich zur Antwort, „ich habe in meinem Leben schon wer weiß wie viele Steaks gegessen, die hundsmiserabel schmeckten, und Buletten, welche die reinste Delikatesse waren. Kommt es nicht vielmehr auf Geschmack und Genuss an?"

Der Neue hatte, während ich dies bedächtig und leise von mir gab, Messer und Gabel auf den Tellerrand gelegt und die Ellbogen auf dem Tisch gestemmt. Jetzt legte er die Hände ineinander und stützte sein Kinn auf sie, wobei er sich weit nach vorne beugte. Er blies die Backen auf, pustete die Luft aus dem Mund, lächelte dann und nickte nachdenklich. Ich rechnete mit einer ausführlichen Gegenrede, aber alles was ich zu hören bekam war nur ein: „Tja..."

Dann schaute er mich lange an. Ich begriff, was sein Blick mir sagen wollte, und ich begriff auch, dass er aus meinem Blick lesen konnte, was ich ihm sagen wollte: Aus uns beiden wird nichts, mein Lieber. So viel wortlose Übereinkunft gibt es selten, und wenn, dann unter Ehepaaren. Das war's. Mehr gab es nicht zu bereden, auch nicht mit Blicken.

Jetzt mussten wir nur noch so schnell wie möglich aus der Sache herauskommen, aber dabei die Form wahren.

Wir konnten nicht einfach aufstehen und gehen, unsere Teller waren noch voll. Also schaufelten wir hektisch in uns rein, was die Gabel hergab und plapperten drauf los, was unser Einfallsreichtum zu bieten hatte: Zwei Gäste, die sich an Lappalien, Nichtigkeiten und Kinkerlitzchen, an allem, was man so redet, um nichts sagen zu müssen, gegenseitig überboten. Endlich waren die Teller leer, und der Neue verlangte die Rechnung.

„Zahlt der Sender", sagte er generös.

„Danke", sagte ich brav.

Gemeinsam verließen wir das Restaurant, verabschiedeten uns vor der Tür und gingen unserer Wege.

Ich fühlte, dass ich soeben etwas ganz Besonderes erlebt hatte: Das kürzeste Gespräch, das ich je mit einem Redakteur geführt hatte.

Eigentlich gehörte es ins Guinness-Buch der Rekorde.

Als ich am nächsten Tag erneut Brot & Rosen aufsuchte, diesmal zu meinem Nachmittagsespresso, gab mir der Kellner mein Exposé. Der Neue hatte es vergessen, hatte es einfach auf dem Tisch liegen lassen. Und ich hatte es nicht bemerkt. Wir verstanden uns wirklich gut.

Qualmhölle

Der Literaturwissenschaftler Helmut Lethen unternahm den Versuch, herauszufinden, warum er, der sich einen Namen mit der Erforschung der Literatur der Neuen Sachlichkeit gemacht und den Begriff von den „Verhaltenslehren der Kälte" geprägt hatte, nach dem Ende der Studentenbewegung sich dem Maoismus zuwandte und Mitbegründer der KPD wurde. Wie war das möglich? Heraus kam ein Büchlein mit dem Titel *Suche nach dem Handorakel*.

Freunde von Helmut, allesamt ehemalige Maoisten wie er, stürzten sich auf den Text, sie hatten ja die gleichen Probleme mit ihrer Vergangenheit, hofften auf erlösende Wahrheiten – und wurden bitter enttäuscht. Sie warfen ihm vor, er habe allerlei über die Anlässe geschrieben, die zur Gründung der KPD führten, nichts aber über die Beweggründe derer, die die Partei gründeten. Es war, als wäre er sich selber ein Orakel geblieben.

Bald nach dem Erscheinen seines Buches traf ich Helmut zufällig bei Brot & Rosen. Nach ein paar

Floskeln setzte er zu einer weitschweifigen Erklärung an. Den Text habe er während eines viel zu kurzen Urlaubs an der Ostsee geschrieben, und er habe nicht alle Bücher mitnehmen können, die er eigentlich gebraucht hätte. Sein Koffer sei zu klein gewesen.

„Aber du hättest doch wenigstens deinen Kopf mitnehmen können", wandte ich ein. Er rollte mit den Augen, als hätte ich einen Witz gemacht, den er überhaupt nicht komisch finden konnte.

Den Freunden gegenüber nahm ich ihn jedoch in Schutz. In seinem Text war zwar nichts davon zu lesen, warum er etwas getan hatte, doch an einer Stelle gab er immerhin preis, warum er etwas nicht getan hatte: „Ich konnte mich dem SDS leider nicht anschließen, weil sein Hauptquartier am Kudamm eine Residenz für Kettenraucher war – eine Qualmhölle. Die Mitgliedschaft wäre mir auf den Magen geschlagen."

Da wurde mir klar, warum ich Mitglied des SDS geworden war: Ich war Kettenraucher. Ich drehte mir eine Zigarette nach der anderen. Da war mein Weg in den SDS geradezu vorherbestimmt. Für diese Einsicht bin ich ihm noch heute dankbar.

„Verschissen bis in die Steinzeit"

Eine der markantesten Eigenschaften von Inge Deutschkron war, dass sie kein Blatt vor den Mund nahm. Natürlich machte sie sich damit nicht nur Freunde, aber darum scherte sie sich nicht. Ihre Urteile über andere Menschen konnten gnadenlos sein. „Der hat bei mir verschissen bis in die Steinzeit", sagte sie dann. Und sie meinte es auch so. Wen dieses Verdikt traf, der existierte für sie nicht mehr. Seinen Namen in ihrer Gegenwart zu erwähnen, war frevelhaft. Ich bin sicher, dass sich dieser Charakterzug in der Zeit ihrer Illegalität herausbildete. Von einem Versteck ins andere, permanent auf der Flucht vor den Nazis, musste sie sich auf die Menschen, mit denen sie zu tun hatte, verlassen können. Hundertprozentig. Wem sie das nicht zutraute, der fiel in Ungnade. Was man ihr später als Rücksichtslosigkeit nachsagte, war nichts anderes als ein instinktiver Selbstschutz.

Unser Theaterstück hatte sie mit einem Schlag prominent gemacht. Unvermittelt geriet sie in den

Trubel des Berliner Kulturlebens, wurde von einem Empfang zum anderen herumgereicht und hofiert. Sie wusste genau, welches Spiel da mit ihr gespielt wurde, und sie hütete sich vor allzu großer Nähe zu diesem Milieu.

Zwei kleine Geschehnisse erzählen von Inges Rigorismus so trefflich, dass sie es wert sind, aufbewahrt zu werden – Klatsch hin, Tratsch her.

Nachdem Inge aus Tel Aviv nach Berlin zurückgekehrt war, wohnte sie für einige Zeit in einem Hochhaus, das dem Filmmogul Atze Brauner gehörte. Irgendwann war der Fahrstuhl defekt. Da sie in einer der oberen Etagen wohnte, wurde ihr das Treppensteigen bald zu bunt und sie rief den Hausbesitzer an. Zu ihrer Überraschung wurde sie sofort durchgestellt. Atze Brauner begrüßte sie aufs Herzlichste und lud sie zum Kaffee ein. Er habe sie schon längst kennenlernen wollen. Inge aber war nicht nach einem Kaffeeplausch zumute, sie wollte, dass der Fahrstuhl endlich repariert würde. Atze Brauner entschuldigte sich für das Ungemach und versicherte, er werde sich persönlich darum kümmern. Und dann sagte er: „Wir Juden müssen doch zusammenhalten." Nun muss man wissen, dass Inge ihrem Selbstverständnis nach Berlinerin und Sozialdemokratin ist. Dass sie nach orthodoxer Auslegung Jüdin ist, hatte sie nie interessiert.

Also blaffte sie Atze Brauner an: „Ich will nicht mit Juden zusammenhalten, ich will, dass der Fahrstuhl repariert wird!", und knallte den Hörer auf. Schon am nächsten Tag funktionierte der Fahrstuhl wieder, aber Atze Brauner hatte bei ihr verschissen bis in die Steinzeit.

Die andere Geschichte dreht sich um Joachim Gauck. Kurz nachdem er zum Bundespräsidenten gewählt worden war, trafen er und Inge bei einem Empfang aufeinander. Er scharwenzelte um sie herum, machte Komplimente, rief die Fotografen herbei, damit sie ihn mit Inge ablichteten. Inge erzählte ihm von unserem Theaterstück, und er beteuerte, er würde gern zur Premiere kommen.

„Die war vor zwanzig Jahren", erwiderte Inge trocken.

„Aber warum soll ich es mir dann ansehen?", fragte Gauck verdattert. Da hatte auch er verschissen bis in die Steinzeit.

Auf die Schwiegermütter

Unser Nachbar, ein pensionierter Informatiker und leidenschaftlicher Koch, war kürzlich von einer weiten Reise zurückgekehrt, die ihn bis in die Karpaten geführt hatte. Nun lud er uns zu einem Essen ein, zubereitet nach einem Rezept, das ihm eine alte Frau, die in dem idyllisch gelegenen Örtchen Șinca Nouă einen Gasthof führte, nach dem Abendessen in die Feder diktiert hatte: Mititei, Hackfleischröllchen mit Gurken, Schafskäse und Blaukrautsalat. Dazu gab es Bier und Palinka, einen hochprozentigen Schnaps aus Vogelbeeren, von dem er mehrere Flaschen mitgebracht hatte.

Während wir aßen, berichtete unser Gastgeber von einer Legende, die ihm die Frau zu später Stunde und nach etlichen Gläsern Palinka erzählt hatte: Einst gab es am Fuße des Banater Gebirges ein kleines Fürstentum, das von seinem Herrscher Fürst Barbu mit furchtbarer Härte regiert wurde. Das Volk litt so sehr, dass es unter Anführung eines Bauern namens Todor einen Aufstand wagte.

Der jedoch wurde blutig niedergeschlagen. Todor wurde gefangen genommen und zum Tode verurteilt. Als man ihn auf den Richtplatz schleppte, wo das Volk sich schon versammelt hatte, um Zeuge des grausamen Schauspiels zu werden, trat Fürst Barbu nahe an den Todeskandidaten heran und sagte:

„Du darfst jetzt noch etwas rufen, ein ‚Letztes Wort'."

„Warum denn das?", fragte Todor.

„Damit du in die Geschichte eingehst."

„Das würde ich gern, aber was soll ich denn rufen?"

„Zum Beispiel: ‚Lang lebe Fürst Barbu'!"

„Das werde ich bestimmt nicht rufen."

„Dann rufst du eben: ‚Lang lebe die Freiheit'!" Todor überlegte kurz, dann rief er laut und vernehmlich: „Lang lebe meine Schwiegermutter!"

Fürst Bardu war sprachlos. Er wollte irgendetwas unternehmen, um zu verhindern, dass dies das Letzte Wort des Aufrührers blieb, aber er wusste nicht, wie er das anstellen sollte. Das Wort war in der Welt, und es war nicht mehr zurückzuholen.

Während er noch nachdachte, sauste auch schon das Beil des Scharfrichters nieder und der aufrührerische Kopf kullerte auf die karpatische Erde. Fürst Barbu kochte innerlich vor Wut.

Er fühlte sich nicht ernst genommen und in seiner Ehre verletzt. Noch im Angesicht des Todes hatte ihm dieser Bauerntölpel eine lange Nase gemacht. Die Kunde von Todors letztem Wort flog natürlich durchs Land, und das Volk amüsierte sich. Selbst im Hofstaat konnten sich die Lakaien ein breites Grinsen nicht verkneifen. Sogar die Kammerzofen kicherten hinter dem Rücken des Fürsten. Aus dem Bauern Todor war ein Volksheld geworden.

Hier unterbrach unser Gastgeber seine Erzählung, denn unsere Teller waren leer. Er ging in die Küche.

Lange mussten wir nicht warten, da kam er mit der Nachspeise zurück, Nusshörnchen aus Sauerrahmteig. Wir machten uns darüber her, während er seine Erzählung fortsetzte: Fürst Barbu konnte die Niederlage nicht verwinden und überzog das Land mit einer Terrorherrschaft ohnegleichen. Sie endete erst, als Barbus jüngerer Bruder Mitica von einer siegreichen Schlacht zurückkehrte und erkennen musste, wie viel Elend Barbu über das Land gebracht hatte. Mit Hilfe seiner getreuen Ritter setzte er seinen Bruder fest, erklärte sich zum neuen Fürsten, klagte den Bruder des Hochverrats an und verurteilte ihn zum Tode.

Als man Barbu auf den Richtplatz schleppte, wo das Volk sich schon versammelt hatte, um sein

Ende mitzuerleben, trat Fürst Mitica dicht an seinen Bruder heran und sagte: „Du darfst jetzt noch etwas rufen. Dein ‚Letztes Wort'."

Da durchfuhr Barbu der Gedanke, dass dies endlich die Gelegenheit war, sich an dem Bauerntölpel zu rächen. Und so holte er tief Luft und rief: „Lang lebe meine Schwiegermutter!" Auf dem Platz machte sich unter den Schaulustigen Ratlosigkeit breit, bis ein Junge sich durch die Menge drängelte und laut rief: „Er lügt! Seine Schwiegermutter ist schon lange tot." Barbu wollte etwas erwidern, doch zu spät. Das Beil des Scharfrichters sauste nieder, und der fürstliche Kopf kullerte auf die karpatische Erde.

Damit endete der Bericht unseres Gastgebers, wie die Nachspeise auch. Man schenkte sich noch ein Bier ein und füllte die Schnapsgläser, während der Nachbar ein Resümee zog: „Das ist natürlich eine Legende, und über ihren Wahrheitsgehalt kann man lange spekulieren. Es liegt ja alles schon lange zurück. Von der Burg sind nicht einmal die Grundmauern erhalten, und wo im Tal die Bauernhäuser standen, führt jetzt eine Schnellstraße nach Bukarest. Die Menschen mögen alles vergessen haben, aber wenn sie bei guter Laune sind, dann singen sie Lieder von Todor dem Helden der Freiheit. Und wenn sie Palinka trinken, stoßen sie miteinander an und rufen: „Pentru soacră!“, was soviel heißt wie: „Auf die Schwiegermütter!“.

Da hoben auch wir unsere Gläser und riefen laut: „Pentru soacră!“, und weil uns die Geschichte so gefiel, riefen wir an diesem Abend noch so manches Mal: „Auf die Schwiegermütter!“.

Das Leben muss ja weitergehen

Meine frühere Frau Kornelia Koronetz war erst eine Woche im Krankenhaus, als uns die Ärzte auch schon die Ergebnisse der Untersuchungen mitteilten: Sie hatte Lungenkrebs und nur noch ein halbes Jahr zu leben.

Die Ärzte waren sehr rücksichtsvoll, ließen für Kornelia ein Einzelzimmer räumen sowie ein zweites Bett aufstellen, sodass ich die Nacht bei ihr verbringen konnte. Wir bekamen ein üppiges Abendessen, machten einen Spaziergang im Innenhof des Krankenhauses, setzten uns auf eine Bank, rauchten eine Zigarette, gingen dann zurück in das Zimmer, legten uns in eines der beiden Betten, schmiegten uns aneinander und weinten uns in den Schlaf.

In der Nacht wurden wir durch einen spitzen Schrei wach. Die Nachtschwester war ins Zimmer gekommen und sah uns eng umschlungen im Bett.

„Was machen Sie da?“, rief sie. Wir versuchten, ihr die Situation zu erklären. Sie rang um Fassung, blaffte uns an: „Trauern kann man auch im Sitzen.“ Dann knallte sie die Tür hinter sich zu.

Meine Mutter war mit unserer Beziehung anfangs nicht einverstanden gewesen, denn Kornelia war dreizehn Jahre jünger als ich. Aber schließlich hatte sie sich in das Unvermeidliche gefügt und mit dem Gedanken getröstet, dass der Altersunterschied auch etwas Gutes habe. Wenn ich mal alt sei, sagte sie mir, könne Kornelia mich pflegen und im Rollstuhl schieben. Nun war es jäh anders gekommen: Sie saß im Rollstuhl und ich schob sie durch den Park. Wir saßen am Märchenbrunnen und zitierten Brecht:

Ja, mach nur einen Plan!
Sei nur ein großes Licht!
Und mach dann noch 'nen zweiten Plan.
Gehn tun sie beide nicht.

Die Ärzte sollten Recht behalten. Nach einem halben Jahr starb Kornelia. Die Beerdigung fand so statt, wie sie es sich gewünscht hatte: Keine Trauerfeier, keine Gäste, kein Grabstein. Nur mein Freund Ulrich sollte dabei sein und darauf achten, dass meine Beine nicht ihren Dienst versagten und ich ins Grab fiele. Die Gärtnerin bepflanzte das Grab mit Immergrün und setzte einen japanischen Ahorn.

„Da müssen Sie sich um nichts kümmern", sagte sie.

So stand ich nun an Kornelias Grab und dachte an unsere schönen Reisen, aber auch an unsere elendigen Streitereien, weil mir ihre Radikalität und Uneinsichtigkeit auf die Nerven ging, während sie mich einen Opportunisten schimpfte. Das alles kam mir jetzt unsagbar lächerlich und überflüssig vor.

Und ich lernte, dass Friedhöfe verkappte Kontakthöfe sind.

„Ja, ja," hörte ich eine Stimme hinter mir. „Jeder hat sein Päckchen zu tragen." Ich drehte mich um und sah eine Frau hinter mir mit einer Harke und einer Gießkanne in der Hand.

„Ihre Frau?", fragte sie und deutete auf das Grab. Ich nickte.

„Meiner liegt da drüben", sagte sie und zeigte auf eines der Gräber ganz in der Nähe. „Ich komme immer freitags um vier."

Sie machte eine kleine Pause, wandte sich zum Gehen und sagte zum Abschied: „Das Leben muss ja weiter gehen." Ich wette, dieser Satz ist der meist gesagte auf allen Friedhöfen der Welt.

Die perfekte Verbrecherin

Die elegant gekleidete Dame, die sich auf der Fahrt nach Braunschweig im Speisewagen an meinen Tisch setzte, erwies sich als Plaudertasche. Es störte sie nicht, dass sie mich am Lesen hinderte, sie redete sofort drauf los. Erst übers Wetter, das immer schlechter würde, dann über die Weltlage, die immer schlimmer würde und schließlich kam sie auf ihren Mann zu sprechen, einen Studienrat für Französisch, nach außen ein feinsinniger Mensch, allseits beliebt, in Wirklichkeit aber ein Scheusal sondergleichen. So unerträglich, dass sie beschlossen hatte, ihn umzubringen. Ihr Vater war ein Waffennarr, und es war ihr ein Leichtes, eine Pistole und Munition an sich zu bringen. So bewaffnet suchte sie ihren Mann in seinem Arbeitszimmer auf. Ganz oben auf der Leiter am Bücherregal stehend blätterte er mal wieder in Balzacs Gesamtausgabe.

„Weißt du, in welchem Band *Das Chagrinleder* ist?“

Natürlich wusste er, dass sie es nicht wusste, er wollte sie nur demütigen, indem er ihr vorführte, wie ungebildet sie war. Aber das kümmerte sie längst nicht mehr. Sie holte die Pistole hervor, zielte und drückte ab. Doch es machte nur klick. Sie drückte abermals ab, aber wieder nur klick. Die Pistole hatte Ladehemmung. Ihr Mann stand oben auf der Leiter und starrte fassungslos auf seine Frau, und als es abermals klick machte, fiel er vor Schreck von der Leiter und brach sich das Genick.

Ich hatte der Dame aufmerksam zugehört, wurde aber nicht schlau aus ihr. Man vertraut doch nicht so ohne weiteres wildfremden Menschen an, dass man seinen Ehemann ermorden wollte. Hatte sie sich das womöglich nur ausgedacht? War es eine Marotte von ihr, sich und ihren Mitreisenden mit ausgedachten Geschichten die Zeit zu vertreiben? Das wollte ich herausfinden und animierte sie, fortzufahren.

Seitdem würde sie das Leben einer wohlhabenden Witwe führen, sagte sie. Hier mal einen Flirt, dort mal ein kleines Abenteuer. Ein unbeschwertes Leben, wenn nicht die Umstände des Todes ihres Mannes doch arg auf ihr lasten würden.

„Er hatte immer gesagt, ich sei zu nichts nutze und irgendwie hat er recht behalten. Ich habe es nicht einmal geschafft, ihn umzubringen."

„Seien Sie froh", sagte ich, „andernfalls würden Sie jetzt wegen Mordes im Gefängnis sitzen."

„Aber ich hätte ihm wenigstens bewiesen, dass ich doch zu etwas zunutze bin.“

Der Zug näherte sich Helmstedt. Hier würde sie aussteigen, sagte sie. Würde sich mit einem Herrn treffen, den sie in Berlin kennengelernt habe. Da bahne sich vielleicht etwas Dauerhaftes an. Ich wünschte ihr viel Glück. Sie erhob sich vom Tisch. Wir verabschiedeten uns. Aber bevor sie ging, öffnete sie ihre Handtasche, und zum Vorschein kam eine zierliche mit Perlmutt verzierte Pistole.

„Die funktioniert“, sagte sie.

Als der Zug wieder anfuhr, sah ich durchs Fenster, wie sie auf einen Mann zuging, der mit einem Strauß roter Rosen auf dem Bahnsteig schon auf sie wartete. Die beiden umarmten sich, küssten sich und gingen eng umschlungen dem Ausgang zu. Welch ein glückliches Paar! Mir gefiel der Gedanke, über die Zukunft dieses Mannes etwas zu wissen, wovon er nicht die geringste Ahnung hatte.

Der Jupp

Die Mutter meiner Frau starb 2015. Das kleine Reihenhaus in Saarlouis war nun unbewohnt, und Adriana musste überlegen, was damit geschehen sollte. Es war die Zeit, in der die Zahl der Flüchtlinge, die nach Deutschland kamen, von Woche zu Woche zunahm. Auch in Saarlouis suchte man händeringend nach Unterkünften für die Ankömmlinge. Also vermietete Adriana das Haus an die Stadtverwaltung. Die Neuigkeit ging natürlich wie ein Lauffeuer durch die Straße: Die Flüchtlinge kommen! Es dauerte nicht lange, bis ein Nachbar Adriana ansprach.

„Du vermietest also an Flüchtlinge?", fragte er lauernd.

„Ja", sagte sie.

„Dann kommen jetzt also elf Syrer in dein Haus."

„Wieso elf?", fragte sie erstaunt.

„Hört man so."

Adriana versuchte, den Mann zu beruhigen. Das mit den elf Syrern sei ein Gerücht, in das Haus würden zwei Frauen mit ihren Kindern einziehen.

Doch sie spürte, dass der Nachbar allen Beteuerungen zum Trotz misstrauisch blieb. Und so fügte sie hinzu: „Wenn es mal Ärger geben sollte, wegen Lärm oder so, dann sagst du dem Jupp Bescheid, der kümmert sich darum."

„Der Jupp?", fragte der Nachbar verblüfft.

„Ja."

„Der Jupp?", fragte der Nachbar, als könne er es immer noch nicht glauben.

„Ja genau", bestätigte Adriana. „Der Jupp."

„Ja, dann!", rief der Nachbar erleichtert. „Dann ist ja alles in Ordnung."

„Der Jupp" war niemand anderer als der Präsident des örtlichen Karnevalsvereins. Als die Karnevalisten merkten, dass die Stadtverwaltung der wachsenden Zahl von Flüchtlingen offenbar nicht Herr wurde, nahmen sie die Sache selber in die Hand, organisierten Unterkünfte und Sprachkurse und übten mit den Geflüchteten das Einkaufen auf dem Wochenmarkt. Und Adrianas Nachbar konnte später sagen, dass ihm von Anfang an klar war: „Mit den Flüchtlingen, das geht völlig in Ordnung."

Siegfried bleibt Siegfried

Adriana heißt mit Nachnamen Rupp, ein nur im Saarland geläufiger Name. Beim Telefonieren kommt es daher leicht zu Hörfehlern. Der Teilnehmer, mit dem sie spricht, hört dann „Ruhb" oder „Rupf" oder „Krupp". Um Missverständnisse zu vermeiden, buchstabiert sie sogleich ihren Namen ins Telefon: „Richard – Ulrich – Paula – Paula." Dabei bedient sie sich des Buchstabier-Alphabets, das in der Frühzeit des Telefons entstand, als das Fernsprechen noch störanfällig war. Im Jahre 1903 veröffentlichte die Post zum ersten Mal in ihren Fernsprechverzeichnissen dieses Alphabet: A wie Anton, B wie Berta, C wie Cäsar und so weiter, also Namen, die phonetisch markant und deshalb möglichst unverwechselbar waren.

Drei Jahrzehnte blieb es dabei. Bis die Nazis an die Macht kamen. Da änderte es sich, denn das Alphabet enthielt auch jüdische Namen: D wie David, J wie Jacob, N wie Nathan, S wie Samuel, Z wie Zacharias.

Nun könnte man meinen, dass die Änderung von oben kam, dass die Oberpostdirektion die Ausmerzung dieser Namen dekretierte. Aber nein, die Forderung kam von unten, von kleinen Volksgenossen, die dagegen protestierten, jüdisch buchstabieren zu müssen. Sie machten Eingaben und schrieben geharnischte Leserbriefe.

Bei der Post jedoch hielt man offenbar nicht viel von solchen Aufwallungen des Volkswillens. Man gab zu bedenken, dass es sich um Namen von Männern des Alten Testaments handele, die später nicht nur von Juden, sondern vielfach auch von allgemein angesehenen Männern beider christlicher Konfessionen getragen wurden. Erst als die Proteste kein Ende nahmen, fügte sich die Oberpostdirektion, und so wurde aus David Dora, aus Jacob Jot, aus Nathan Nordpol, aus Samuel Siegfried und aus Zacharias Zeppelin.

Nach 1945, möchte man denken, wäre im Zusammenhang mit der Entnazifizierung das Telefonalphabet aus Weimarer Zeiten wieder in Kraft gesetzt worden. Das geschah aber nicht. Entsprechende Forderungen aus der Bevölkerung gab es nicht. Die Post entschloss sich zu einer kleinen, unauffälligen Bereinigung. Samuel und Zacharias kehrten zurück. Aber sie wurden bei ihrer Rückkehr nicht willkommen geheißen.

Wer am Telefon etwas zu buchstabieren hatte, blieb unbeirrt bei dem, woran er seit der Nazizeit gewöhnt war: S wie Siegfried, Z wie Zeppelin. So blieb das Alphabet in der Praxis judenrein.

Und Adriana? Hieße sie nicht Rupp, sondern Supp, würde sie mit Sicherheit aus Protest S wie Samuel buchstabieren. Aber sie heißt nun mal Rupp, und bei R wie Richard gibt es keine Probleme. Wer denkt schon bei Richard an Wagner?

Gutes neues Jahr

Auf der Silvesterfeier eines Freundes lernte ich einen Ethnologen kennen, der von seinen Expeditionen ins Amazonasgebiet erzählte. Es gab dort einen Stamm, dessen Angehörige sich für unsterblich hielten. Die Tatsache, dass immer wieder einer von ihnen starb, erklärten sie sich damit, dass er von den Angehörigen eines anderen Stammes getötet worden war, denn nach ihrer Vorstellung kam der Tod nicht von innen, aus dem Menschen selbst, weil er alt oder krank wurde, sondern von außen, durch die Einwirkung von Feinden.

Das machte diesen Stamm äußerst aggressiv. Sobald einer von ihnen gestorben war, griffen sie zu Pfeil und Bogen und überzogen die anderen Stämme, die sie abfällig „Pahuhatl totahotu" nannten, was so viel wie „Die, die sterben müssen" bedeutet, mit einem blutigen Rachefeldzug.

Der endete erst, wenn die Feinde tot oder geflohen waren. Dann kehrten sie heim, bestatteten ihre Toten, dankten ihrem Gott Hutzicoatl, der ihnen Unsterblichkeit geschenkt hatte, tranken bis zur Besinnungslosigkeit ein Gebräu aus gekochter Rinde vom Ameisenbaum und veranstalteten auf ihren Trommeln einen Höllenlärm. Dazu tanzten sie und umarmten sich und riefen einander „Coahua lalamo tina!“ zu, was so viel wie „Eine gute Ewigkeit haben!“ bedeutet. Danach lebten sie wieder in aller Friedfertigkeit, gingen auf die Jagd, sammelten Früchte, saßen gemeinsam am Feuer und erzählten sich Geschichten aus grauer Vorzeit. Bis wieder einer von ihnen starb. Dann ging wieder alles von vorn los.

Plötzlich aber war damit Schluss. Eine Grippe, die ein abendländischer Forscher auf einer Expedition eingeschleppt hatte, raffte den ganzen Stamm dahin. Niemand war mehr da, der die Getöteten hätte rächen können.

Während der Mann erzählte, kam mir der Verdacht, er sei gar kein Ethnologe, sondern irgendein Indianer-Jones, der sich das alles ausgedacht hat. Aber seine Erzählung klang so anschaulich und überzeugend, dass es mir egal war, ja, ich hätte gerne mehr davon gehört. Doch es ging auf Mitternacht zu, und der Gastgeber schenkte Champagner ein. Punkt zwölf Uhr stießen wir an, umarmten uns, die Paare küssten sich, wir wünschten einander ein Gutes Neues Jahr, traten auf den Balkon und schauten dem Feuerwerk zu.

Doch mitten im Lärm von Böllern und Raketen drangen aus dem Dunkel des nahegelegenen Parks wilde Trommelschläge herüber, und plötzlich kam es mir so vor, als ob der Amazonas mitten durch Berlin fließen würde.

Der Untergang des Kopierstifts

Wollte jemand die Geschichte des Fernsehspiels schreiben, müsste er ans Tageslicht fördern, was normalerweise im Dunkeln bleibt, nämlich die Begründungen, mit denen Drehbücher abgelehnt werden. Er müsste zuallererst die Geschichte der ungedrehten Filme schreiben.

Als ich in den 1970er Jahren begann, Drehbücher zu schreiben, saßen in den Redaktionsstuben fast ausnahmslos Männer. Einer, der so alt war, dass er mein Vater hätte sein können, hatte ein Drehbuch von mir auf dem Schreibtisch. Für seine Randnotizen benutzte er einen winzigen Kopierstift, der schon so kurz war, dass er ihn mit einer Metallkappe verlängern musste, um ihn überhaupt in der Hand halten zu können. Ständig feuchtete er ihn an, indem er mit der Zunge kurz einen Finger anleckte und die Spitze des Stiftes auf dem Finger hin und her drehte. Dann schrieb er an den Rand meines Buchs mal hier mal da eine Bemerkung.

Meine Geschichte handelte vom ersten Geiger eines Streichquartetts, der von einem Kollegen, der ihm seine Könnerschaft neidet, dabei beobachtet wird, wie er regelmäßig ein Bordell aufsucht. Hinter vorgehaltener Hand macht die Sache zunächst unter Kollegen die Runde, dann wird sie publik. Erst verlässt ihn seine Frau, dann sein Talent. Er fängt zu trinken an. Dann bringt er sich um.

Ich behaupte nicht, dass meine Geschichte ein großer Wurf war. Interessant aber ist die Ablehnung durch den Redakteur. Er legte seinen Kopierstift beiseite, wischte mit dem Taschentuch den Finger sauber und beschied mir: „Ein Geiger geht nicht ins Bordell." Punkt. Schluss. Aus. Widerspruch zwecklos. Das Todesurteil war gesprochen.

Heute ist alles ganz anders. Heute bevölkert eine neue Generation die Redaktionsstuben. Jung, dynamisch, zumeist weiblich, manchmal männlich, hin und wieder divers, immer aber achtsam und empathisch. Solch eine Redakteurin lehnte kürzlich ein Drehbuch von mir ab, das vor ihr auf dem Laptop geöffnet war: „Also, weißt du, du schreibst ja super Geschichten, aber die hier – also ich weiß nicht, ich finde einfach keinen Zugang. Tut mir echt leid." Sie ließ den Curser über den Text wandern und scrollte die Zeilen rauf und runter. Immer und immer wieder, sagte sie, habe sie es versucht, immer und immer wieder sei sie gescheitert: „Ich kriege die Figuren einfach nicht in den Griff."

Am Ende konnte ich mich des Eindrucks nicht erwehren, ich müsste sie in den Arm nehmen und trösten, weil mein Drehbuch sie in solche Seelenpein gestürzt hatte. Aber das wagte ich natürlich nicht, denn es wäre mir womöglich als Übergriffigkeit ausgelegt worden. Also verabschiedete ich mich förmlich und fuhr nach Hause. Dabei dachte ich an die alten Herren mit den Kopierstiften. Was waren das damals doch für Zeiten! Diese Leute konnte man noch von ganzem Herzen hassen.

Van Vieng im Prenzlauer Berg

1975 begleitete ich Walter Aschmoneit, meinen Freund, auf einer Reise durch Laos. Auf der Fahrt nach Luang Prabang kamen wir zu einem Dorf namens Van Vieng, am Fluss Nam Xong gelegen und umgeben von einer bizarren Karstlandschaft. Dahinter der Regenwald. Es war ein verwunschener Ort, dessen Zauber uns gefangen nahm. Wir saßen am Ufer des Flusses, tranken schweigend Tee, schauten auf die Karstberge und wurden von der Vorstellung übermannt, dass dies der richtige Ort zum Sterben sei. Man müsste es nur richtig planen. Irgendwann, wenn wir alt wären, würden wir hierher zurückkehren, uns aufmachen in den Dschungel und dort auf Nimmerwiedersehen verschwinden. So wollten wir enden.

Walter arbeitet für verschiedene NGOs, und so kam er immer wieder mal nach Laos. Um die Jahrtausendwende besuchte er mich und berichtete, er habe auf seiner letzten Reise einen Abstecher nach unserem Sehnsuchtsort Van Vieng gemacht.

Noch immer stand ihm das pure Entsetzen in den Augen. Das Dorf war von Backpackern entdeckt worden und zur Kleinstadt angeschwollen. Ein Coffeshop reihte sich an den anderen, aus den Fenstern dröhnte Musik, an jeder Ecke ein Hostel, und Huren an allen Straßenrändern. Van Vieng war zu einem Ort geworden, an dem die Touristen einer besonderen Freizeitbeschäftigung huldigten, dem „Tubing". Sie setzten sich in alte Reifenschläuche von Lastwagen, ließen sich den Fluss hinabtreiben und schütteten sich dabei mit Bier zu. Irgendwann verloren sie dabei das Gleichgewicht, fielen besoffen ins Wasser und hatten alle Mühe, das Ufer zu erreichen. Nicht alle schafften das. Immer wieder wurden Ertrunkene angetrieben. Man legte sie in Holzsärge und brachte die Leichen nach Vientiane, wo sie in Flugzeuge verfrachtet wurden, die sie nach New York, Amsterdam oder Paris brachten, damit die Eltern sie beerdigen konnten. Unser Traum, am Ende der Welt die letzte Ruhestätte zu finden, war ausgeträumt.

Als Kornelia starb, machte ich mich auf die Suche nach einem Friedhof. Ganz in der Nähe, in der Greifswalder Straße fand ich einen, der mir gefiel. Er hatte eine absonderliche deutsch-deutsche Vergangenheit.

Die DDR-Führung hatte 1969 einen Masterplan für Ostberlin entworfen, der ein riesiges Areal mit Plattenbauten zwischen der Greifswalder Straße und der Prenzlauer Allee vorsah, genau da, wo der Friedhof lag.

Man verhandelte mit der evangelischen Kirche, und die stimmte zu, den Friedhof zu schließen. Zwar sollten die alten Gräber für Besucher zugänglich bleiben, aber neue Beisetzungen sollten nicht mehr stattfinden. In zwanzig Jahren wäre die Pacht für das letzte Grab abgelaufen. Dann hätte man den Friedhof plattmachen können. Aber als es so weit war, machte die Wende den Masterplan zu Makulatur.

Die Kirche öffnete den Friedhof wieder. Zwanzig Jahre lang hatte er unberührt dagelegen. Grabsteine waren umgekippt, gusseiserne Gitter verrostet und von Efeu umrankt, Bäume in die Höhe gewachsen. Überall wuchert jetzt mannshoher Farn.

Ich pachtete ein Grab und ließ eine Bank davor aufstellen.

Als Adrianas Mutter starb, beerdigten wir sie neben Kornelia. Nun sitzen wir auf der Bank und fragen uns, ob die beiden da unten wohl gut miteinander auskommen. Schließlich haben sie sich erst nach ihrem Tod kennengelernt.

Und wenn ich mir alles so anschaue, die Buchen und Birken und den wuchernden Farn, dann denke ich, ein bisschen ist das wie der Urwald, in dem ich einst verschwinden wollte.

Aber weil Adriana neben mir sitzt, denke ich auch: Es hat noch Zeit.

Inhalt